DATE DUE

GAYLORD			PRINTED IN U.S.A.

GERARDO DIEGO
EN SUS RAÍCES ESTÉTICAS

COLECCIÓN "ACCESO AL SABER"
SERIE: LIBRO Y LITERATURA, nº 5

DÍEZ DE REVENGA, Francisco Javier
   Gerardo Diego en sus raíces estéticas / Francisco Javier Díez de Revenga. - Valladolid : Universidad de Valladolid, Secretariado de Publicaciones e Intercambio Editorial, [2006]

   182 p. ; 22 cm. - (Colección "Acceso al Saber". Serie: Libro y Literatura ; 5)
   ISBN 84-8448-383-5

   1. Diego, Gerardo – Estética – Crítica e interpretación 2. Poesía I. Diego, Gerardo (1896-1987) II. Universidad de Valladolid, Secretariado de Publicaciones e Intercambio Editorial, ed. III. Serie

   821.134.2-1Diego, Gerardo:111.852

FRANCISCO JAVIER DÍEZ DE REVENGA

GERARDO DIEGO
EN SUS RAÍCES ESTÉTICAS

SECRETARIADO DE PUBLICACIONES
E INTERCAMBIO EDITORIAL
UNIVERSIDAD DE VALLADOLID

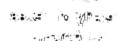

© Francisco Javier Díez de Revenga, Valladolid, 2006
Secretariado de Publicaciones e Intercambio Editorial
Universidad de Valladolid

Coordinador de la serie:
Germán Vega García-Luengos

Diseño de cubierta:
Juan Manuel Báez Mezquita
Santiago Bellido Blanco

ISBN: 84-8448-383-5

Dep. Legal: S. 1.033-2006

Preimpresión:
Secretariado de Publicaciones e Intercambio Editorial
Universidad de Valladolid

Imprime:
Gráficas Varona, S.A.
Polígono «El Montalvo», parcela 49
37008 - Salamanca

ÍNDICE

INTRODUCCIÓN

La poesía de Gerardo Diego se distingue por su fecunda variedad. Él mismo, en diferentes oportunidades, quiso insistir en caracterizar su obra por la diversidad de ambiciones, de actitudes y de resultados. Y la realidad de su producción poética, vista en su conjunto, responde a ese estímulo múltiple y variado que siempre defendió el poeta. Es múltiple en lo que a tendencias estéticas se refiere, ya que, participante desde muy pronto en los afanes de vanguardia, Diego cultivó con éxito, con imaginación e inteligencia, la poesía vanguardista, a la que permaneció fiel hasta el final, ya en los años ochenta, más de medio siglo después de iniciarse en el arte de vanguardia. Por cierto, que la suya era una interpretación muy personal del vanguardismo literario, con sublimación de realidades y búsqueda de absolutos, sin pérdida de la consciencia pero lindando con una sinrazón tan sólo aparente. Trasfondos reales subyacen bajo una apariencia de vanguardia, ya que la base del movimiento por él asumido, el creacionismo, está en la creación con la palabra y con la imagen de nuevos mundos, sorprendentes pero no alejados de coherencia lógica y de la razón.

Cultivó, por otro lado, una poesía de andadura más clásica e incluso tradicional, ricamente instrumentada en multitud de variaciones métricas, de formas versales acuñadas a lo largo de la historia, que en manos de Gerardo Diego alcanzan efectividad y lucidez siempre reconocidas. Sus sonetos, por ejemplo, ocupan lugares muy destacados en la historia de la poesía española. Pero esta modalidad, que en alguna ocasión se ha denominado neoclásica, no era una vuelta mimética a las estructuras, formas y temas legados por la tradición poética culta española, sino una apuesta absolutamente innovadora por la recuperación y, al mismo tiempo, renovación de moldes ya establecidos en nuestra literatura, basada esta renovación en la presencia de los hallazgos vanguardistas también en esta poesía. Se caracteriza entonces toda su lírica por la permeabilidad entre una modalidad y otra, por el intercambio constante de experiencias, que hacen toda la poesía completa un conjunto más unitario de lo que a muchos les ha parecido.

Y es múltiple también la poesía de Gerardo Diego en lo que a exigencias temáticas se refiere, a contenidos y atenciones, tanto en sus poemas más vanguardistas como en los más clásicos o tradicionales: el amor, el tiempo, la muerte, el mundo contemporáneo, las creencias y la fe, la realidad vital, geográfica, costumbres y paisajes, personas y personajes que han creado nuestra historia, la experiencia personal, la música, el mundo taurino y, en particular, la fiesta de los toros, la pintura y los pintores, el ocio, las celebraciones y fiestas, la familia, la vida cotidiana... Poeta múltiple en consecuencia, fiel siempre a un concepto que expresó en diferentes reflexiones prosísticas sobre su poesía: la *libertad creadora*, palabras que Elena Diego considera "claves" (1985: 20) para entender su poesía y que pueden y deben definir el sentido último de su creación literaria y explicar justamente la tan traída y llevada diversidad.

La obra en prosa de Gerardo Diego era la gran desconocida de toda su producción literaria, que tan sólo podíamos hallar, no sin dificultad, dispersa en unos pocos libros y en numerosos artículos de prensa y radio, escritos a lo largo de más de sesenta años. Conservados en el archivo de la familia de Gerardo Diego, habían aparecido en diarios como *ABC, Arriba, El Alcázar, La Tarde* de Madrid o *La Nación* de Buenos Aires, o en revistas como *La Estafeta Literaria*, o habían sido escritos para la radio, en forma de "radiotextos" (más de dos mil, entre 1947 y 1978), destinados a una colaboración suya titulada *Panorama Poético Español*, difundida para Hispanoamérica, en el Tercer Programa de Radio Nacional de España.

En total, los textos prosísticos conservados superan los 4.500 originales, que abarcan los intereses más variados, aquellos que más podían atraer a un intelectual del siglo XX, aquellos que más podían llamar la atención de los lectores de la prensa diaria y de algunas revistas, o de los oyentes de programas culturales de radio: literatura, música, arte, especialmente pintura, toros y tauromaquia, religión, léxico, enseñanza, temas de actualidad y recuerdos autobiográficos, sobre todo recuerdos autobiográficos, nutren una ingente obra prosística que, sin duda, ha de causar sorpresas –utilizando una palabra predilecta del poeta– a sus lectores, a través de la edición de la *Prosa* de Gerardo Diego que se inició, en 1997, con dos primeros volúmenes, que titulamos *Memoria de un poeta*, a los que habrían de seguir otros tres destinados a *Prosa Literaria*.

De ese mundo vario y multiforme, atento a muchos afanes, quiere dar cuenta este libro que busca las raíces estéticas del poeta y encuentra en las relaciones con los libros, con los escritores, con los maestros y los discípulos, numerosas claves para entender una obra tan rica y compleja como amena y estimulante, un pasaporte para entrar en el fabuloso mundo literario de Gerardo Diego, lleno de encuentros y de sorpresas, de logros y de hallazgos, descubrimientos, nuevas lecturas y recuperaciones, que comprometen al lector con la lectura atenta y comprensiva de una obra singular, escrita por uno de los más originales poetas españoles de todos los tiempos.

1
EDAD MEDIA

No suelen los poetas de la generación del 27 ser citados como medievalistas. Su afán de modernidad y las ideas de renovación que impulsaron sus aventuras poéticas alejaron, en teoría, a estos poetas de los asuntos medievales. Tal es la idea que comúnmente se difunde en diversos estudios y manuales. Sin embargo, tan excelso grupo de escritores, de extraordinaria formación filológica, y profesores muchos de ellos de Filología y de Literatura Española, se aproximaron en muchas ocasiones a la Edad Media y a las creaciones artísticas medievales.

Y una buena prueba de su interés por la Edad Media la encontramos en los ecos que la primera gran obra poética de la literatura medieval castellana, el *Poema de Mío Cid*, encontró en estos poetas, algo poco conocido de los estudiosos y especialistas. La estela de la leyenda de Rodrigo Díaz de Vivar, de la que se nutrieron poesía, teatro, novela e incluso cine, no ha cesado hasta la actualidad. Numerosos estudios han rastreado su importancia literaria como mito reiterado a través de los siglos. Pero hay algunos espacios que la crítica no se ha dignado a visitar. En todo caso, el Cid ha sido objeto de reflexión, especialmente a través del *Poema de Mío Cid*, para los poetas más importantes de nuestro siglo, y, muy especialmente, para los del 27, que prefirieron el lado más humano de su indeleble y múltiple leyenda. Ni el *Panorama crítico sobre el Poema de Mío Cid*, que realizó muy meritoriamente Francisco López Estrada, ni el libro sobre la recepción del *Poema* en la literatura universal, que escribió Christoph Rodiek, obra documentadísima en tantos aspectos, mencionan poema alguno de los poetas del 27 en relación con el señero poema medieval y su protagonista Don Rodrigo Díaz de Vivar. Sin embargo, desde Federico García Lorca –He aquí un curioso ejemplo: en una carta a Jorge Zalamea, de Granada, agosto-septiembre 1928, dice bromeando el poeta a su amigo: "¡Pero me defiendo! Soy más valiente que el Cid (Campeador)" (1996, III: 1075)– a Miguel Hernández –dos ejemplos: en su poema "Abril gongorino" (*Poemas sueltos II*, 1933-34), utiliza al Cid como metáfora: "gana Abril: cid-ruy-diaz de colores, / en campo, en lucha, en verdor, en flores." Y en "Llamo a la juventud" (*Viento del pueblo*): "Si el Cid volviera a clavar / aquellos huesos que aún hieren / el polvo y el pensamiento /

aquel cerro de su frente, / aquel trueno de su alma / y aquella espada indeleble, / sin rival, sobre su sombra / de entrelazados laureles." (1999: 61 y 125) –, en cuyas obras hay menciones al Cid y a sus hazañas, desde Pedro Salinas a Dámaso Alonso, que dedicaron páginas luminosas al *Poema*, hasta Rafael Alberti, que durante su destierro escribió poemas, recogidos bajo el título de "Como leales vasallos", con el Cid como modelo de desterrados injustamente; o Jorge Guillén, que sabemos que explicaba en sus clases en la Universidad de Murcia el *Poema de Mío Cid*, y que en *Homenaje* dos poemas suyos glosan al Cid y a su Jimena; o Gerardo Diego, que le dedica páginas luminosas en varias ocasiones; hasta llegar a textos tan significativos como la versión modernizada hecha por el propio Salinas, hay que aludir detenidamente a la presencia del Cid y su *Poema*, en los poetas del 27.

Como ocurrió con los modernistas, los del 27 volvieron al Cid, pero éstos con una mirada muy diferente. El personaje seguía atrayendo, pero naturalmente no como guerrero conquistador autor de brillantes victorias, sino como personaje remoto que sufrió abandono de su señor y destierro. Los esplendores pintorescos del modernismo son sustituidos por una penetración en la figura del guerrero castellano, sobre todo a través de los textos, como ocurre con Guillén o con Alberti, de los textos no ya los legendarios del romancero, del Cid de las mocedades y de los gestos bravucones, sino con los textos del *Poema de Mío Cid* que nos devuelve un caballero leal injustamente tratado por su señor y echado de sus tierras. La figura de la esposa del Cid, Jimena, que sufre las mismas calamidades y el destierro –que luego captaría de forma tan lírica María Teresa León en su biografía novelada– aparece igualmente como ser que sufre injusticia y destierro, a pesar de su lealtad, a pesar de su sangre real, a pesar de sus virtudes de esposa y madre.

Federico García Lorca, en un texto que nos sorprende, como tantas veces en su obra, por su lirismo y por su finura interpretativa tuvo ocasión de referirse a la leal esposa de Rodrigo, cuando escribe sus impresiones de viaje en el momento que visita el Monasterio de San Pedro de Cardeña (1996: IV, 7). La postura de García Lorca reconociendo lo humano y lo emotivo de la escena como lo más valioso, frente a la figura bravucona del Campeador, marca lo que va a ser la interpretación de este grupo de poetas frente a lo que otros ponderaron, integrando en su magnífica evocación escenas de la vida cotidiana, como la que refiere: "y la muerte dolorida y llorosa pasearía entre estos sauces y entre estos nogales renovados, hasta que algún religioso con barba blanca y calva esmaltada viniera en su busca para conducirla a su aposento en donde quizá todas las noches oyera los gallos cantar."

Lorca ha mencionado el canto de los gallos. Y en este punto hay que recordar que con el *Poema de Mío Cid* justamente ha sido relacionada una de sus más brillantes metáforas, perteneciente al *Romancero gitano*. En 1937, Ángel Valbuena Prat (I, 42) ya pone en relación la imagen del gallo, que pica buscando la aurora, con la que se considera su variante más conocida de esta reminiscencia del *Poema de Mío Cid*, situada en los primeros versos del "Romance de la pena negra" de Federico García Lorca: "Las piquetas de los gallos / cavan buscando la aurora". Del *Poema de Mío Cid:* "Apriessa cantan los gallos e quieren quebrar albores".

Anota muy tempranamente Valbuena Prat: "Aunque sería muy sugestivo pensar en una adivinación creacionista del poeta interpretando el segundo hemistiquio como subordinado al primero ("Apriessa cantan los gallos y quieren [ellos] romper los albores"), no creo que haya derecho a esto, sino simplemente "y quieren romper el alba", que es como se interpreta en la versión de A. Reyes, por ejemplo. Creo que, pensando en la primera posibilidad, se le ocurrió a Federico García Lorca la imagen inicial de unos de sus bellos romances gitanos. "Las piquetas de los gallos – cavan buscando la aurora" (*Romancero gitano*, romance de la pena negra). Precisamente Lorca puso como lema de uno de los números de su revista granadina "Gallo" el verso del cantar que comentamos. El sentido preciso de la frase se advierte en otra bella alusión al amanecer de *Mío Cid*: "Ya crieban los albores e vinie la mañana, – ixíe el sol !Dios, qué fermoso apuntaba!" En la novela de Vicente Huidobro, *Mío Cid Campeador. Hazaña*, publicada en Madrid, en 1929, tal como señala Rodiek (1995: 353), se dice: "Amanece sobre el mundo. Los pájaros impacientes vuelan hacia el oriente a picotear el alba para que salga el sol."

Del texto de Lorca de 1918 vamos a pasar a un texto de Gerardo Diego de 1919: su poema "Saludo a Castilla", porque, en efecto, Gerardo Diego rememora a Rodrigo Díaz de Vivar únicamente en dos de sus poemas, muy alejados en el tiempo. Uno de ellos es, como decimos, un poema de 1919, perteneciente a su libro *Evasión,* difundido sobre todo a través de la *Primera antología de sus versos*, de 1941, y que, al publicarse sus obras completas en 1989, se incluiría en la serie de poemas sueltos recogida bajo el epígrafe de *Hojas* (p. 653). Se trata de un elogio de Castilla, titulado "Saludo a Castilla", en el que figuran, entre una serie de motivos conocidos, los famosos gallos de Cardeña.

Poema muy azoriniano, y que utilizó el propio Gerardo Diego, como hemos de ver, para alguno de sus homenajes a Azorín, sugiere la gesta del Cid, algo que hará igualmente en otro poema muy posterior, dedicado en esta ocasión a Menéndez Pidal, y que titula "Marza", recogido en su libro *"El Cordobés" dilucidado. Vuelta del peregrino*, en donde el caballero de Vivar aparece, como otros personajes de los cantares de gesta, aunque éste, además, con la reproducción de un verso del *Poema de Mío Cid*, fundido en la evocación del viejo maestro de filólogos:

Viene a pasos ligeros, todo él reliquia cotidiana,
rezada y ofrecida, de par en par el alma.
Si un tiempo piedra, ahora leño sin peso, fábula,
romance de Arlanza y Esla, negro y blanco de urracas.
Ay Dios, qué buen vasallo se ha perdido la Infanta
por nacer tantos siglos antes del tiempo mojiganga.

Y con él vienen cuantos con él son y estaban,
vienen, viva floresta, primavera de la raza.
Allí llega Don Rodrigo, despojo de la batalla:
"Mi vida por una almena, que me será última España".
Bernardo, sublime en Lope cuando viva y muerto en casa,
y desde Nuño a Gonzalo las ocho cabezas rodadas
y Fernán por quien Castilla ya es Castilla meridiana
y Mío Cid Ruy Díaz, palabra y medida de patria.

La dedicación al Cid por parte de Gerardo Diego, y muy especialmente al *Poema de Mío Cid*, cuenta con páginas de un gran interés que hemos conocido tras la publicación de los tres volúmenes de *Prosa literaria* de sus *Obras completas*, a cargo de José Luis Bernal. Y es que, entre los trabajos medievalistas de Gerardo, que más adelante glosaremos aunque sea brevemente, hay uno que destaca por su originalidad, profundidad y decisión, a la hora de estudiar un tema muy complejo como es el ritmo. Me estoy refiriendo naturalmente al artículo titulado "El ritmo en el *Poema de Mío Cid*", justo el texto que inicia la recopilación de los estudios medievales y del Siglo de Oro. Se trata de un estudio atrevido, emprendedor, pero no exento, por esas razones, de seriedad científica y de profundidad académica. Es un texto extenso, y sorprende que fuese publicado en un diario madrileño (*Arriba*), aunque eso sí, en tres entregas, correspondientes a los días 28 de marzo, 14 de abril y 18 de abril de 1943.

La originalidad del artículo reside en dos aspectos destacables entre otros muchos: en primer lugar, Gerardo Diego se enfrenta al estudio y defensa de la irregularidad versificatoria y métrica del *Poema de Mío Cid* con una cualidad que no ha tenido en cuenta ninguno de los estudiosos que antes lo han abordado, ya que lo hace en su condición de poeta en ejercicio que proclama la libertad en el verso, practicada por él desde su juventud y ya largamente experimentada a la altura de la primavera de 1943, que es cuando este artículo se publica. Condición de poeta y condición de versolibrista, ya que en Gerardo tenemos a uno de los maestros, más conscientes, del verso libre español, aspecto aún no estudiado en su obra. Defensor de la libertad en el verso, y de la libertad en la poesía lo fue siempre, y son muchos los textos que prueban estas avanzadas cualidades de nuestro primer poeta vanguardista importante. Se siente Gerardo, y eso es lo que más nos estimula, investido de una autoridad especial para entender el verso irregular (libre lo llama él) del *Poema del Mío Cid*. Y el otro aspecto muy innovador se centra en el examen que al final del artículo hace de la estructura del famoso *Poema*, defendiendo otra vez la originalidad inspiradora del juglar, autor del *Poema de Mío Cid*.

Respetuosos con quienes estudiaron el *Poema*, aunque no comprendieron su irregularidad métrica (entre ellos su admirado Menéndez Pelayo) y entusiasmado ante la capacidad de comprensión de Menéndez Pidal, adjudica Diego a uno y otro lo que corresponde, no sin ternura, de errores a Don Marcelino y de aciertos a Don Ramón.

Considerar la métrica del *Poema* una "anarquía" es, sin duda, lo que más le duele a Gerardo Diego. Y para demostrar lo errónea que es esa perspectiva, desarrolla un acertado proceso de actualización para comprender la irregularidad versal del poema que sólo él, como poeta moderno, puede hacer, asegurando que los profesores y eruditos lo que tienen que hacer es aprender de la poesía, y en este caso de la poesía contemporánea (2000: VI, 499): "Y ¿qué nos dice la poesía contemporánea? Proclama el derecho del poeta a la libertad rítmica, ensaya y mantiene las más arriesgadas experiencias del verso libre –no blanco, suelto o sin rima, sino libre, no obligado a fórmulas previas de estructura numérica o acentual–, y finalmente, en pago de tan rentadoras ventajas y desahogos técnicos, exige el poeta, más que nunca, una continua adecuación del ritmo material, fonético –ese ritmo que se crea a sí mismo en cada instante–, al contenido espiritual del poema."

Las palabras que siguen a las más arriba transcritas son dignas de la mayor atención, porque en ellas lleva a cabo Gerardo Diego una defensa del verso libre contemporáneo de antología, texto que merecía figurar en los estudios de la versificación contemporánea por su acierto. Es lo que con Gerardo Diego sucede habitualmente. ¿Quién podía pensar que en el contexto de un estudio sobre la versificación del *Poema de Mío Cid* podríamos hallar no sólo un espléndido estudio sobre el poema, sino, además, una de las teorías del verso libre contemporáneo más lúcidas que jamás se han escrito en lengua española? La afirmación conclusiva, antes de volver al *Poema de Mío Cid*, merece ser recordada (2000: VI, 500): "Existe, es un hecho, la poesía en verso libre y se han cubierto todas las etapas posibles entre el verso más encarnizado y riguroso de acentos, sílabas, rimas y complicación estrófica y la simple y continuada prosa."

La irregularidad, afirma Gerardo Diego, es el fundamento de la métrica del *Poema*, y para demostrarlo, el poeta hace una prueba: transcribe unos versos del poema medieval y a continuación los de una versión modernizada en verso regular (la de Luis Sánchez Guarner) para mostrar cómo el poema ha perdido todo su vigor, toda su originalidad, toda su "emoción expresiva" (2000: VI, 501). Quizá, el acierto mayor de Gerardo esté en su acción actualizadora, valorando el poema como una creación métrica "moderna", al reconocer al juglar la capacidad que tiene el poeta moderno de adecuar su verso a las incidencias de lo cantado, de lo narrado, adelantándose en expresividad a la métrica que luego se volvería regular y sujeta a esquemas establecidos (2000: VI, 504): "Pues bien: digámoslo con completa resolución: El *Poema del Cid* es, desde el punto de vista rítmico, la más perfecta y más bella realización de nuestra épica. Y lo es evidentemente por haber acertado genialmente con el tipo de verso y de serie estrófica más adecuado, por un lado, al genio de nuestra lengua; por otra parte, al género épico narrativo, cantar de gesta entonces, epopeya heroica luego, en la poesía culta del Renacimiento."

La adecuación métrico-expresiva es el mayor mérito del *Poema de Mío Cid*, sin duda, porque es el reflejo de su humanidad. En esto de la humanización del *Poema* por obra y gracia de su anónimo juglar, hay que advertir el acierto y la originalidad de Gerardo (2000: VI, 505): "Si ahora comparamos esta técnica libre construida a la medida, a la escala de la capacidad humana, de intensa narración cantada, correlativa a la capacidad humana, se suspende la atención vigilante del oyente, está técnica, que al reducirse y concretarse en cada verso, en cada pormenor, encuentra o puede encontrar siempre el recurso más justo, más expresivo en ese ritmo respiratorio de los dos elásticos hemistiquios que se estiran o se concretan –siempre en torno al módulo heptasílabo– como la respiración misma, viva, natural, del que canta, del que se exalta, del que vuela; si comparamos, digo, esta técnica, este sistema rítmico con el empleado luego a partir, no digo ya de la cuaderna vía del siglo XIII, sino del Renacimiento, todas las ventajas serán para la formidable intuición de nuestro juglar."

Al referirse a los perjuicios de la métrica sujeta a esquemas establecidos, son hasta divertidas las reflexiones que vienen a continuación, ya que, al atribuir a Dante el "error" de haber escrito en tercetos encadenados su *Divina Comedia*, le hace responsable de lo que vino después ("tuvimos unos cuantos siglos el suplicio de la noria infinita, de los tercetos encadenados en todas nuestras epístolas, sátiras y demás semiépicas, de por los menos unos cuantos centenares de eslabones") (2000: VI, 505):

Las consideraciones que vienen a continuación en tan interesante trabajo se extienden a otros aspectos fundamentales para entender el ritmo de la poesía medieval, basado, sin duda, en su carácter oral, música incluida. Quiere Gerardo imaginarse cómo se recibirían estos versos irregulares, impulsivos en sus oyentes, en las cortes de los reyes y nobles medievales, porque lo que es indudable es que habían de ser recitados, seguramente acompañados de música, y que el ritmo interior de los versos era fundamental para animar y atraer a los oyentes.

Y da, finalmente, mucha importancia el poeta contemporáneo a otro tipo de ritmo, el ritmo general de construcción del poema, "el ritmo en su sentido más amplio, de la órbita total del poema y de los contrastes de movimiento, de tono, de luces y sombras a lo largo de los tres cantares" (2000: VI, 510), aspecto éste del máximo interés, porque la interpretación de Gerardo en este sentido es otra de sus aportaciones singulares al estudio del *Poema*. Se refiere entonces a la compensación de materiales narrativos y su estructuración en tres partes, como tres jornadas de una comedia, división caracterizada por su sobriedad. Pero es que además destaca la riqueza y variedad en la estructura interna de cada parte, la primera experimentando un "crescendo", desde su sombrío comienzo, con el inicio del destierro, hasta su final más triunfal; el segundo, el de las Bodas, de mayor riqueza y variedad; para llegar al tercero en el que nuevos elementos aumentan la variedad y enriquecen aún más el *Cantar*, con motivos cómicos y patéticos para culminar en el elogio del linaje del Cid. Y la conclusión tras estas observaciones no puede ser mejor y más valiente (2000: VI, 511): "Creo haber demostrado que en el *Poema del Cid* resplandece una verdadera maestría rítmica, tanto en la materialidad del verso como en su utilización expresiva y en la disposición de planos, tonos, series y conjuntos."

La atención al medievalismo de Gerardo Diego no finaliza aquí, ya que en él hallamos a uno de los poetas del 27 más decididamente inmersos en ese mundo, que ha evocado en multitud de ocasiones, tanto en verso como en prosa. Antes hemos aludido a su poema "Saludo a Castilla". Pero, si advertimos que su poema más famoso es el soneto "El ciprés de Silos", dedicado al famoso árbol del Monasterio de Santo Domingo de Silos, notaremos que el interés del poeta por la devoción, evocación y representación de motivos religiosos medievales en su obra se convierte en él en casi un sello de identidad. Sonetos a Silos escribió varios y poemas a monasterios medievales toda una serie, compuesta ya en su madurez, que se titula "Mi románica España", y que dio a conocer en su libro *Cometa errante*.

Entre sus poemas de tema medieval hay uno que tiene una especial significación para quien esto escribe. Se trata de un poema escrito en 1944 e incluido en su libro *La luna en el desierto y otros poemas*, titulado "Nueva cantiga de Santa María de la Arrixaca", que supone una muy original glosa de la cantiga 169, de Santa María de la Arrixaca, de las de Alfonso X el Sabio. Editada por José Manuel Blecua en 1948, fue reeditada en 1995, con motivo el centenario de Gerardo Diego, por la Real Academia Alfonso X el Sabio, de Murcia.

Y ahora, al aparecer los nuevos volúmenes de prosa, más artículos sobre tantos escritores medievales preferidos completan los muchos que yo tuve la oportunidad de seleccionar en *Memoria de un poeta*, de cuyo apartado de "La vida espiritual", y sobre todo en relación con la Navidad, Gerardo hacía muy entrañables y emotivas evocaciones de tantos poemas medievales relacionados con las fechas, y en especial del *Auto de los Reyes Magos*. Su discurso sobre *La Navidad en la poesía española* contiene joyas literarias y comentarios espléndidos en las que lo medieval es el pórtico de entrada hacia uno de los más íntimos ensayos de Gerardo Diego. Ahora, en las páginas de *Prosa literaria*, reencontramos al lector atento y a sus textos medievales preferidos: *Fernán González*, *El collar de la paloma*, el Arcipreste de Hita, el Marqués de Santillana, Jorge Manrique, junto a las páginas espléndidas ya glosadas sobre el *Poema de Mío Cid*. Lector atento, comentador juicioso, glosador original, alejado de los tópicos, descubridor de sorpresas, Gerardo Diego también medievalista, como otros compañeros de su generación, que en sus acercamientos a los poemas primitivos muestran lo que fue no sólo conocimiento sino también devoción y entusiasmo, muy propio de quienes formaron la mejor promoción poética que ofreció la literatura española del siglo XX a la literatura europea.

2
BÉCQUER

De los muchos escritores, españoles especialmente, sobre los que Gerardo Diego escribió a lo largo de su vida, Gustavo Adolfo Bécquer fue uno de los preferidos y de su admiración por la poesía y la prosa del poeta sevillano dejó abundantes muestras escritas, algunas bastante difundidas, otras olvidadas, y una sustanciosa parte de ellas prácticamente inéditas. Bécquer, en efecto, fue objeto de atención constante de nuestro escritor y, a través de este capítulo, queremos ofrecer la relación completa de textos escritos por Gerardo Diego sobre el poeta sevillano, reflejar sus preferencias a través de los contenidos de algunos textos y dar a conocer de forma impresa, tres originales del *Panorama Poético Español*, que pueden mostrar al lector el contenido y la forma de estos radiotextos –como los llamaba Gerardo– y su interés tanto por su contribución a la difusión de la obra becqueriana como por su condición de escritos llenos de admiración hacia el autor de las *Rimas*.

De todos los textos becquerianos de Gerardo Diego, quizá el más difundido es el titulado "Bécquer", aparecido como prólogo al libro *Bécquer 1836-1870*, que el Banco Ibérico publicó en Madrid, con motivo del centenario, en la Navidad de 1970. Es un extenso resumen de sus muchas reflexiones sobre Gustavo Adolfo Bécquer, en el que se recogen aspectos tratados ya en algunos artículos y otros completamente nuevos. Así se ocupa de la oportunidad del centenario de 1970, de la definición de la prosa desde el punto de vista de Gustavo Adolfo Bécquer y de las reflexiones que sobre la poesía hizo Bécquer en el prólogo a Augusto Ferrán. Trata igualmente de los artículos, de las cartas, de las leyendas y de las *Rimas*, para terminar con un breve ensayo sobre Bécquer y Chopin con un comentario final a la rima "Yo sé un himno gigante y extraño".

A Gerardo Diego también le interesaron los aspectos biográficos, y entre ellos la intimidad amorosa del poeta. En "Los amores de Bécquer", original para *La Nación* de temprana fecha, 1942, tras unas referencias a la vida soriana de Bécquer, analiza los diferentes amores del poeta que inspiraron las *Rimas*. Desde luego, los nombres de Julia Espín y de Casta Esteban, su mujer, están presentes en estas reflexiones de Gerardo Diego por el mundo inseguro y confuso de las posibles enamoradas del poeta o aquellas mujeres de las que el poeta se enamoró. "Casta y Gustavo" amplía aspectos ya señalados en el artículo anterior.

La dedicación becqueriana de Gerardo tiene en su "Homenaje a Bécquer", leído en la Real Academia Española, en diciembre de 1970, su muestra más representativa por lo que tiene de referencia a su admiración larga hacia el poeta al que ha glosado tanto en prosa como en verso. Es un artículo muy interesante porque contiene nuevas reflexiones sobre el ritmo en Bécquer y en la poesía en general, y también porque recoge todos los poemas que Gerardo Diego dedicó a lo largo de su vida al poeta sevillano. En el primer aspecto hay consideraciones que merecen especial recuerdo: "Los valores rítmicos de un poeta no se deben medir en abstracto, sino en relación con lo que a través de ellos nos comunica y que sin ellos sería un mensaje, una confidencia, frustrada, fracasada". Y señala el gran número de variaciones rítmicas existente en las *Rimas* de Bécquer. Ha contado entre las 76 rimas no menos de 59 variaciones. Respecto a los poemas son los siguientes, recogidos todos en el artículo, aunque nosotros añadimos los datos bibliográficos identificatorios imprescindibles:

1. "Rima. Homenaje a Bécquer" *Manual de espumas*, [1922], *OC*, I, 176.
2. "Bécquer en Soria", *Soria sucedida*, [1930], *OC*, II, 941.
3. "Rima penúltima. En el centenario de Bécquer", *Hasta siempre*, [1936], *OC*, I, 618.
4. "La visita", *El jándalo*, [1959], *OC*, II, 39.
5. "El monte de las ánimas", *Soria sucedida*, [1969-1974], *OC.*, II, 1014.

Como ya sabemos, todo lo relacionado con la música, con el ritmo, con los sonidos, con los aspectos incluso hasta fónicos o fonéticos, siempre llamó la atención de este atento lector de Bécquer. "Bécquer y Chopin" lo ofreció como artículo para *La Nación* de Buenos Aires, en 1970. Constituye las dos terceras partes del artículo "Bécquer y Chopin", que figura en *Crítica y poesía*, éste a su vez parte también del texto del libro del Banco Ibérico. En la conferencia titulada "Notas sobre Zorrilla y música de Bécquer", pronunciada en la Casa-Museo Zorrilla de Valladolid en 1975 también se interesa por la música. Al autor del Tenorio apenas hace una referencia inicial porque el texto de la conferencia está dedicado en su casi totalidad a "Bécquer y la música" como se destaca en el texto al incluir este título. En sus páginas reelabora algunos trabajos anteriores, reutiliza textos de *Panorama Poético Español* y, como era su costumbre, añade nuevas ideas. Los asuntos tratados son la relación de Bécquer con la música y hasta qué punto sabía música, la "orquesta de Bécquer", es decir los instrumentos que aparecen en sus obras: arpa, órganos y campanas, con una referencia final a los músicos que interesaron al poeta y aquellos que pueden relacionarse con él. Termina con la idea de que Bécquer era un músico de la naturaleza y los secretos de la música de la poesía becqueriana que sólo apunta en la despedida de la conferencia titulada "Percusión y asonancia". Hay otros aspectos interesantes en relación con la música y Bécquer tratados por Diego. En "Campanas", considera que, igual que a Schiller se le ha llamado el poeta de las campanas, el mismo calificativo merece Gustavo Adolfo Bécquer no sólo como poeta sino también como prosista, pues las campanas abundan en su obra con toda clase de variaciones Y modalidades. En "Imantación musical de Bécquer", advierte que Bécquer es entre los poetas españoles un poeta muy cercano a la música. Lo era también a la pintura, y más concretamente al dibujo, que practicó, pero en su obra se advierte sobre todo una especial imantación musical, que no es sólo referencia a la música que oyó de grandes compositores de su tiempo, como se prueba por sus escritos de crítica musical, sino que su obra está presidida por el sentido de lo musical, "Tanto por su música interior y su gracia rítmica como por las continuas menciones que nos ofrece de la música de los hombres y de la todavía más difícil de captar y expresar, la música de la naturaleza, que tuvo en él el oído más prodigiosamente atento y delicado."

De las relaciones con otros escritores destaca su interés por el posible paralelo biográfico entre "Bécquer y Antonio Machado", como se titula un artículo de 1970. En efecto, Bécquer y Machado eran ambos sevillanos y ambos recalaron en Soria. Pero no es más que una casualidad o una coincidencia del destino, por más que Machado era admirador de Bécquer, independientemente de las coincidencias biográficas. Desde el punto de vista literario se parecen poco o nada, y para hacer una comparación que revele la distinta forma de mirar la realidad, lógica dado el tiempo transcurrido entre un sevillano y otro, escoge la forma de describir la luna que ambos poetas llevan a cabo en pasajes de sus obras. En "Rumbo inicial", considera la importancia de Bécquer en relación con la poesía de moda en la época de Antonio Machado. "Mandolina, arpa, piano" trata en esta ocasión sobre un antecedente y una consecuencia de la famosa rima becqueriana "Del salón en el ángulo oscuro". El antecedente es Alfredo de Musset, en el que aparece una mandolina silenciosa que espera la mano que la haga vibrar, en la comedia *En qué sueñan las muchachas*, que, seguramente, Bécquer no llegó a conocer. La consecuencia, el poeta belga Rodenbach, que nos ofrece en su poema "La vie de les chambres", un piano que espera ser tocado, olvidado, "dans l'angle obscur de la chambre". "Idiomas y poesía", por último, es un artículo muy curioso en donde trata de la relación de Bécquer con la cultura alemana a pesar de que no sabía ese idioma, al contrario que otros románticos españoles como Enrique Gil y Carrasco. Bécquer admira su ascendencia alemana y de ahí su apellido castellanizado, lo que a Gerardo sugiere algunos comentarios, sobre todo al pasarlo a ortografía española, y añadirle una c antes de la qu, lo que parece una sobra de ortografía y a algunos becqueristas les hace el esfuerzo inútil de pronunciarla. "Absurdo", concluye Gerardo. El resto del artículo versa sobre la posibilidad de las fuentes alemanas de Bécquer y cómo éste las conoció. Entre los artículos que tratan aspectos generales, "Bécquer, poeta difícil", se refiere a la posible dificultad de Gustavo Adolfo. Al considerar cuatro clases de poetas, dos de fáciles y dos de difíciles, a Bécquer le correspondería la de poeta difícil, en tanto que trabajó laboriosamente sus poemas, y fácil, por la transparencia de sus poemas. Y a creerlo así le inclina su idea de que Bécquer nunca quiso publicar sus *Rimas* y que se disponía a ordenarlas a sus veteranos treinta y cuatro años, cuando murió. Lope de Vega era igual, siempre corregía un poema cuando lo volvía a utilizar: "ríete, Laurencio, de poeta que no borra", dice uno de sus personajes. En "La asonancia", defiende, frente a Eugenio d'Ors, la riqueza de la asonancia. La relación con Bécquer procede de las palabras del autor del *Glosario* que, despectivamente, aludía no a Bécquer pero sí a "la ramplonería becqueriana", algo que ha suscitado reciente polémica. Gerardo Diego argumenta en favor de la asonancia, valora su originalidad y carácter único en la métrica europea y como ejemplo de su calidad trae al romancero y a las exquisitas rimas de Gustavo Adolfo Bécquer.

Como en el artículo anterior, Gustavo Adolfo es a veces una mera referencia a la hora de glosar a otro poeta. Así ocurre en "De cartuja a cartuja", en el que trata sobre el poeta Juan Ruiz Peña. En "Luna de agosto", aparece nombrado Bécquer en relación con la luna. Y en "Burla para despistar" trata sobre Lope de Vega. Bécquer entonces es referencia sobre el dormir bien y el roncar de un sochantre. Sin duda, los artículos más brillantes de Gerardo Diego en el contexto becqueriano son aquellos que constituyen un comentario de una determinada rima. Así, hay que citar "Las golondrinas de Bécquer", sobre su más famosa rima. Parte de sus recuerdos personales de las golondrinas como animales unidos a su biografía que veía de niño en Santander y que luego ha encontrado en tantos lugares: Badajoz, Málaga, Almería... Comenta algunos aspectos semánticos –el adjetivo "oscuras"–, sintácticos y sobre todo de ritmo, ya que, una vez más, es lo que más admira de esta rima como de otras de Bécquer. Ritmo conseguido con muchos elementos, pero en este caso muy llamativo el contraste entre esdrújulos y agudos. "La emoción lírica y ardiente de sentimiento no se pierde un sólo instante. Los versos podrán ser sucesivamente más o menos insustituibles palabra a palabra, pero la temperatura sostenida y aun creciente no los abandona nunca." "Una rima de Bécquer" constituye un comentario de la rima "Olas gigantes que os rompéis bramando", considerada por Diego como la "rima de la desesperación", en la que el poeta expresa su estado de angustia, de soledad y de agonía dirigiéndose a los elementos de la naturaleza. Destaca la "armoniosa y maravillosa musicalidad que dejándose llevar del ritmo esencial dibuja en el aire las espirales y los latigazos de las palabras mismas."

"¡Duerme!" es un interesante comentario a la rima XXVII considerada como "berceuse" (canción para dormir) o nocturno, pero también con algo de barcarola o de nana. Porque lo que más admira a Gerardo Diego es la capacidad de Bécquer para crear un ritmo musical con su rima, compuesta de un preludio, un período central dividido en tres grupos dobles y una coda. Y dentro de esta estructura crea una especie de balanceo absolutamente admirable, un ritmo en el que se idealiza pero también se siente la realidad vivida: "y nos parece más verosímil la realidad vivida de la situación cuando el poeta pone la mano sobre el propio corazón para que su latido no suene y turbe la calma solemne de la noche. Y se levanta a cerrar las persianas, no sea que filtren el azulado rayo."

Artículo sobre una determinada rima es también "Bécquer", texto publicado en *Arriba* en 1970. Tras unas breves consideraciones sobre el aprecio que merece Bécquer al lector actual, se centra en cuestiones que a Diego particularmente le importan, en concreto las referentes al ritmo, tan interesante en Gustavo Adolfo Bécquer. Y pone un ejemplo: los primeros versos de "Yo sé un himno gigante y extraño...", que le hacen meditar sobre la utilización por Bécquer, o por un poeta cualquiera, de los recursos del ritmo y la innovación que les imprime: "Lo primordial es ver qué ha hecho Bécquer con esa estrofa y cómo le sirve para expresar lo que nos quiere decir. No hay ritmos ni buenos ni malos. Todo verso, toda estrofa, toda acentuación o rima o falta de rima es buena cuando canta, cuando el verso, gracias en gran parte a la delicadeza de su empleo y a su adecuación al sentimiento o pensamiento al que sirve de cauce, nos conmueve de modo inefable. Sí, inefable. En último extremo el fenómeno de la poesía es inexplicable."

También "Cendal flotante" es un comentario sobre una rima, en concreto la XV de Bécquer, en el que advierte sus cualidades estructurales, su musicalidad, y, sobre todo, la peculiaridad dentro de las *Rimas* del enfrentamiento entre el tú y el yo. Contiene esta rima referencias semánticas que a Gerardo Diego debieron resultarle especialmente atractivas. Recordemos que en sus versos figura el título de uno de los libros de la trilogía amorosa de Pedro Salinas, en concreto *Largo lamento*, algo que ya es muy conocido en la bibliografía del 27. No lo es tanto el hecho de que la rima contiene otro título de libro poético, en este caso del propio Gerardo Diego: *Cometa errante*, su último libro precedente de las ya seleccionadas *Poesías completas*, que reunió y no llegó a ver publicadas.

Por último, la rima "Cerraron sus ojos" es objeto de atención en el radiotexto titulado "Autógrafos y borradores". Se sabía que existían autógrafos con poemas de Bécquer, pero no borradores. Gerardo Diego conoce la existencia de un borrador de "Cerraron sus ojos" a través de la conferencia que Alberto Sánchez dio en el Instituto de Enseñanza Media "Cervantes" en noviembre de 1970 en un acto conmemorativo de Machado y Bécquer.

También prestó atención a la obra en prosa de Bécquer. Así, escribió la introducción e hizo la selección de algunas de las leyendas, las relacionadas con Soria, en el volumen titulado *Leyendas sorianas*. En un breve prólogo de diez páginas recoge las circunstancias que rodean la existencia de cinco leyendas sorianas. Las leyendas son "El rayo de luna", "La promesa", "Los ojos verdes", "La corza blanca" y "El monte de las ánimas". Aprovecha sus páginas para plantearse cuestiones en torno a la tradición y la imaginación, la realidad y la leyenda, pero sobre todo para valorar la relación con Soria de cada una de las cinco leyendas. Al final, transcribe su soneto "El monte de las ánimas".

Las *Cartas desde mi celda* suscitaron del mismo modo comentarios de Gerardo. En "Bécquer en el claustro", refiere cómo le gusta imaginarse a Bécquer en el claustro de un monasterio sintiendo vibrar su historia y su misterio. Jovellanos es el primer romántico que siente la poesía del claustro y Bécquer la refleja con frecuencia en su prosa, en sus descripciones de tal recinto conventual o monástico. Recuerda la descripción del claustro del Monasterio de Veruela como ejemplo de la capacidad pictórica de Bécquer a la hora de sentir la magia de las piedras medievales. Sin soñar tanto como en su poesía, en su prosa deja paso a su vocación pictórica, aunque no renuncia a envolver las "reliquias de la historia en los velos embellecedores de su prosa de poeta". En "Bécquer y el turismo", considera que el poeta sevillano es un adelantado en el uso de la palabra turista, cuando en la primera de sus *Cartas desde mi celda* describe, en el vagón en el que viaja de Madrid a Tudela, la figura de un caballero inglés que viaja por viajar, debidamente equipado con todos los accesorios que llevaba un viajero de su tiempo. "Nada más acabado y completo que su traje de *touriste*", escribe Bécquer. Gerardo Diego destaca la novedad en estos tiempos en que el turismo se está poniendo al orden del día, aunque turistas del norte ya los hay en el *Persiles*, pero Cervantes no los llama turistas, por más que respondían al concepto de viajero por gusto de viajar. La figura del Bécquer prosista tiene otros matices, así su condición de prologuista, que fue el objeto del radiotexto titulado "Dos prosas", en el que señala en Gustavo Adolfo dos tipos de prosa: una "opulenta, lenta y opulenta, legítimamente retórica" y otra "rápida y delgada, sentenciosa o poética". Como ejemplo de la primera, cita una de sus descripciones (de las leyendas); como ejemplo de la segunda, cita el prólogo a *La soledad* de Ferrán, donde justamente Bécquer distingue a su vez dos tipos de poesía. Y; finalmente, para completar su interés por Bécquer, fueron objeto de sus comentarios algunos libros aparecidos sobre el poeta sevillano. Así, "Bécquer de par en par" es una reseña del libro de Heliodoro Carpintero titulado *Bécquer de par en par*, publicado por Ínsula, en Madrid, y "Bécquer siempre y pronto" comenta la edición de *Rimas y prosas* de Rafael de Balbín y Antonio Roldán, de la que destaca la utilización por estos críticos de las novedades aportadas por el *Libro de los gorriones*.

De entre los diferentes artículos, fáciles de localizar algunos de ellos en hemerotecas y bibliotecas, hemos seleccionado tres radiotextos, que pueden resultar representativos del trabajo realizado por Gerardo Diego.

REFERENCIAS BIBLIOGRÁFICAS Y HEMEROGRÁFICAS

"Autógrafos y borradores", *Panorama Poético Español*, 1456, 25-11-1970. (Archivo de la Familia Gerardo Diego: AFGD-3280). 2000: VII, 164-165.

"Bécquer". Tirada aparte del prólogo al libro *Bécquer 1836-1870*. Banco Ibérico, Madrid, 1970. (AFGD-118)

"Bécquer", *Arriba*, 14-6-1970. (AFGD-1343)

"Bécquer de par en par", *Panorama Poético Español*, 541, 8-1-1958. (AFGD-2456)
"Bécquer en el claustro", *ABC*. (AFGD-748)
"Bécquer, poeta difícil", *Arriba*, 27-12-1970. (AFGD-1356)
"Bécquer restaurado", *La Nación*, 25-4-1943.
"Bécquer siempre y pronto", *Panorama Poético Español*, 1276, 26-2-1969. (AFGD-2629)
"Bécquer y Antonio Machado", *Arriba*, 9-11-1969. (AFGD-572)
"Bécquer y Chopin", *La Nación*, 1970. (AFGD-1277)
"Bécquer y Chopin", en *Crítica y poesía*, Júcar, Madrid, 1984, pp. 203-212.
"Bécquer y el turismo", *ABC*, 1-7-1976. (AFGD-1743)
"Burla para despistar", *La Tarde*, 23-11-1948. (AFGD-1875)
"Campanas", *Panorama Poético Español*, 1875,30-1-1975. (AFGD-3251)
"Casi cuento becqueriano", *ABC*, 13-4-54. 2000: VII, 161-163.
"Casta y Gustavo", Original, abril 1942. Para *La Nación*. (AFGD-1670)
"Cendal flotante", *Panorama Poético Español*, 1452, 18-11-1970. (AFGD-3279)
"De cartuja a cartuja", Original para *España*. *España*, 15-12-1950. (AFGD-1442)
"Dos prosas", *Panorama Poético Español*, 1438,4-10-1970. (AFGD-2584)
"¡Duerme!", *Arriba*, 6-12-1970. (AFGD-1163)
"Homenaje a Bécquer", *BRAE*, L, CXCI, sept-dic, 1970. (AFGD-123)
"Idiomas y poesía", *Arriba*, 22-11-1970. (AFGD-1359)
"Imantación musical de Bécquer", *Panorama Poético Español*, 1447,4-11-1970. (AFGD-3277)
"La asonancia", *España*, 11-9-1960. (AFGD-I 540)
"Las golondrinas de Bécquer", *ABC*, 15-12-1970. (AFGD-62). 2000: VII, 189-190.
"Las serranillas sitiadas", *El Noticiero Universal*, 28-1-1952. (AFGD-846)
Leyendas sorianas, Prólogo. Obra Cultural de la Caja de Ahorros y Préstamos de la Provincia de Soria, Soria, 1970. (AFGD-11)
"Los amores de Bécquer", original para *La Nación*, 1942. (AFGD-1653)
"Luna de agosto", *Arriba*, 15-8-1985. (AFGD-1452)
"Mandolina, arpa, piano", *Panorama Poético Español*, 1451, 18-11-1970. (AFGD-3278)
"Notas sobre Zorrilla y música de Bécquer", *Estudios Románticos*, Casa-Museo Zorrilla, Patronato Quadrado, CSIC, Valladolid, 1975. (AFGD-2177)
"Rumbo inicial", *Panorama Poético Español*, núm. 825, 21-8; 5-9-1963. (AFGD-3219)
"Una rima de Bécquer", *Arriba*, 13-7-1966. (AFGD-430)
"Una rima inédita de Bécquer", original, para *La Nación*, diciembre de 1942. (AFGD-1672)

Apéndice

Gerardo Diego
Imantación musical de Bécquer

Gustavo Adolfo Bécquer era esencialmente un poeta, era un poeta esencial. Era también un pintor virtual, aunque manejase más el lápiz que los pinceles. Pero su capacidad de dibujante y colorista, si no estuviese acreditada por su obra en verso y en prosa, lo estaría por sus mismos apuntes de los cuales algunos han llegado hasta nosotros. Sin contar lo que le venía de herencia. Pero además, Gustavo, sin ser realmente músico, músico técnico compositor o instrumentista, aunque de lo uno o de lo otro gozase por naturaleza de aptitudes evidentes, sí que era un enamorado de la música. En su tiempo se hablaba ya mucho de magnetismo y los misterios de la atracción magnética empezaban a estudiarse científicamente. El imán sería un juguete para Bécquer, como lo fue todavía –y qué juguete inolvidable– para los niños de la primera década de nuestro siglo.

El imán propiamente dicho, el imán de nuestros juegos, en forma de herradura pero con los brazos rectos y no curvados, puede ser símbolo del magnetismo, de la seducción, hechizo, encanto, pasión arrebatadora de la música romántica. Podíamos entonces, nosotros niños de 1905, por ejemplo, sentirnos conquistados, subyugados por la órbita grandiosa de las creaciones de Juan Sebastián Bach, por el genio y gracia de Mozart, por la humanidad y hondura de Beethoven, pero nuestras partículas más sensitivas se arrojaban sobre los brazos del imán –color de armonía, intensidad melódica, inventiva rítmica, metal nuevo de voz– de Chopin, de Schumann, genios supremos entre otros también dotados de magnetismo romántico de su época.

Nos consta que Bécquer sintió así la música melódicamente bellísima de Bellini y sin duda gozaría también de la de Schubert, la de Weber, la de Mendelssohn, nombres que constan en sus páginas de comentarista de la música de su tiempo, así como muy probablemente de la de Chopin y Schumann. De tal modo que podemos legítimamente afirmar la imantación musical de Bécquer como presente a lo largo de toda su obra, y actuante con matices inconfundibles de sabor romántico.

En la poesía española no hay, al menos hasta el siglo XIX, otro caso de afición a la música, de sensibilidad delicada para percibirla y gozarla, comparable al de Gustavo Adolfo. Otros excelsos poetas la han incorporado, asimilado en sus poemas, en su eufonía rítmica, o bien, en sus manifestaciones naturales y previas a su aprovechamiento por la conciencia y el oficio humanos. La naturaleza en lo que nos ofrece de música esencial y sin signos ni palabras, invade, empapa deliciosamente la lírica de Garcilaso, eleva a cimas inaccesibles la de San Juan de la Cruz, está omnipresente en la de Lope, susurra a lo largo de la de Meléndez Valdés, encanta las coplas del cancionero anónimo y de sus enamorados como Gil Vicente por citar sólo el caso más insigne, deleita a los poetas de su escuela y les sugiere onomatopeyas y trasposiciones, a veces felicísimas. Por otra parte, tenemos a los poetas que han sido músicos profesionales y que naturalmente reflejan la doble vocación y destreza en ambas artes. Gil Vicente es un caso probable y lo son seguros el grande Juan del Encina, Jorge Montemayor, Luis Milán, posiblemente Góngora y de modo menos especulativo Fray Luis de León y Lope. En cuanto al virtuoso Orfeo Jáuregui, se nos muestra como instrumentista, vihuelista de arco y divo cantor, sentidor y expresador de los más recónditos matices de otros instrumentos, como las trompas que "canoras aunque horribles / son a un tiempo tremendas y apacibles."

¿Sería temerario suponerle a Juan Ruiz tañedor de alguno o algunos de los instrumentos de su fabulosa orquesta? Lo temerario sería imaginarle lego hasta el punto de no haber tomado en sus manos, por ejemplo, bien la guitarra morisca, bien el corpudo laúd. Y nos falta el mayor de todos, el Rey Alfonso. La imantación musical de Bécquer es de otra estirpe. No se basa principalmente en conocimientos ni en prácticas. Se confirma en cada verso y en cada párrafo prosístico, tanto por su música interior y su gracia rítmica como por las continuas menciones que nos ofrece de la música de los hombres y de la todavía más difícil de captar y expresar, la música de la naturaleza, que tuvo en él el oído más prodigiosamente atento y delicado.

MANDOLINA, ARPA, PIANO

Mandolina, arpa, piano: tres instrumentos musicales puestos en una serie que parece arbitraria pero que, para nuestro caso de hoy, aparece como cronológica. En cronología absoluta, o para hablar más científicamente en la lengua de hoy, en diacronía, el orden debería ser: arpa, mandolina (instrumento de la familia del laúd) y piano. Pero según su aparición como ejemplo o alegoría o símbolo dentro de una posible sucesión poética, el orden que nos interesa es el que hemos fijado. Porque nos vamos a referir a una supuesta continuidad generada, influencia o consecución en la poesía del siglo XIX. El motivo de que los críticos e investigadores se hayan fijado en este linaje instrumental Y en su aplicación en circunstancias similares es una muy comentada rima de Bécquer, la que empieza "Del salón en el ángulo oscuro".

Insistamos una vez más en que lo que de veras importa en la filiación y transmisión de expresiones poéticas, no es su génesis sino su eficacia y resultado que puede ser original contra toda aparente semejanza. El que A preceda a B no quiere decir que B imite a A, ni mucho menos que le plagie o le copie. Y si se puede probar un conocimiento por parte de B del hecho precedente A, si A queda anulado, oscurecido por B, si el robo resulta superado por el asesinato, el saldo estético y aun moral es lícito y positivo. Empecemos, pues, por la mandolina, instrumento de cuerda pero no de arco, que, ya bajo la forma más popularizada con eme, "Mandolina", ya con be, "Bandolín" abunda en la poesía de hacia 1900, por ejemplo en Juan Ramón Jiménez y aparece a cada paso en evocaciones versallescas con referencias a fiestas galantes y a cuadros de Watteau. El famoso poeta Alfred de Musset dice por boca de un personaje de su comedia *En qué sueñan las muchachas* –traducido al pie de la letra aunque se pierda el verso francés–: "Yo estoy en un salón como una mandolina / olvidada al pasar sobre el borde de un cojín. / Ella encierra en sí misma una lengua divina / mas si duerme su dueño, todo queda en su seno."

Como advierte Dámaso Alonso, uno de los descubridores de la semejanza con la rima de Bécquer –y digo uno de los descubridores, porque hay dos que sin saberlo mutuamente lo habían advertido; con los críticos e investigadores para exactamente igual que con los poetas y artistas en esto del A y del B– decimos, pues, que como advierte Dámaso Alonso hay una indudable similitud de imagen o alegoría. Y tres palabras –Salón, dueño, olvidada– que puedan sugerir un conocimiento por Gustavo de la comedia de Alfredo. Y, sin embargo... Las comedias de Musset no eran en 1860 tan populares como sus poesías y la presencia muda de un instrumento callado ofrece una posibilidad de emoción musical –música del silencio, poesía inglesa elisabetiana, San Juan de la Cruz, Lope, pintura, realidad misma– que es completamente natural y que puede ocurrírsele a cualquiera, sin necesidad de que la haya leído antes.

Por otra parte, aun dando por válida la sugestión de Musset sobre Bécquer, éste obtiene un partido superior y con sentido nuevo. Todo lo que sigue en la lírica meditación, todo lo del sueño, pero un sueño de muerte o de muerta, el arpa como árbol que no espera primavera, las notas o pájaros desvanecidos esperando con una espera humana trasferida por la inspiración poética del hombre al árbol, al pájaro, a las notas de música, a las cuerdas de la mandolina, a la mandolina misma, todo eso que la rima becquerina nos trasmite tan delicadamente con su apelación a Lázaro y a su milagrosa resurrección, a su vez trasferida al genio del artista, es privativo, original de Bécquer. Pero sigamos adelante.

Han pasado treinta años y exactamente diecinueve de la muerte de Bécquer y veinte de la primera edición de las *Rimas* y dos de la de un libro de Boris de Tannenberga *La Poesía Castellana* que traduce al francés entre otros textos el de la rima del arpa. Y ahora el arpa se convierte en piano. Y el poeta se llama Rodenbach, belga de lengua francesa y muy famoso entre poetas, prosistas y lectores modernistas de 1900 por su dormida o muerta Brujas natal. En su poema "La vida de las 'chambres'" (difícil de traducir el título aislado, porque ni cuartos, ni cámaras ni piezas ni aposentos nos suenan ni equivalen bien) encontramos unos versos que dicen así. El libro se llama *El Reino del Silencio* y aparece en 1891. "En el ángulo oscuro del salón (el poeta escribe "chambre", pero nos permitimos becquerianamente interpretar salón), el piano sueña esperando unas manos de novia." Este comienzo es el que nos interesa. ¿Hubo imitación o involuntario recuerdo de Bécquer? Que pudo haberlo es evidente, dadas las circunstancias tan precisas. Recordemos también que Bruselas acaba de ser residencia de Albéniz, traductor musical de Bécquer, y de Arbís, mientras que Verhaeren, el gran amigo de Regoyos viene a la España negra. Una camaradería entre poetas y artistas belgas y españoles se ha anudado en una ciudad relativamente chica. Y es sobre todo la coincidencia notabilísima la que nos deja asombrados: "Dans l'angle obscur de la chambre". "Del salón en el ángulo oscuro". El mismo sustantivo, que pudo ser rincón y es en ambos "ángulo" con el propio adjetivo "oscuro" y el otro equivalente nombre "chambre", "salón". Luego el arpa se trocó piano, más propicio al contraste con las manos pálidas. En cualquier caso el verso de Bécquer es superior rítmicamente y eufónicamente. El ángulo se retira al fondo de la perspectiva y de la sombra, gracias a su acento esdrújulo y su posición en el centro del verso.

CENDAL FLOTANTE

La rima que voy a comentar es la número XV ó 60 en el *Libro de los gorriones*.

> Cendal flotante de leve bruma,
> rizada cinta de blanca espuma,
> rumor sonoro
> de arpa de oro,
> beso del aura, onda de luz,
> eso eres tú.

Tú, sombra aérea que cuantas veces
voy a tocarte te desvaneces
como la llama, como el sonido,
como la niebla, como el gemido
del lago azul.

En mar sin playas, onda sonante;
en el vacío, cometa errante;
largo lamento
del ronco viento,
ansia perpetua de algo mejor,
eso soy yo.

¡Yo, que a tus ojos, en mi agonía,
los ojos vuelvo de noche y día;
yo, que incansable corro y demente,
tras una sombra, tras la hija ardiente
de una ilusión!

La rima se parece a otras en que el poeta contrapone el tú y el yo. Dos estrofas para ella, otras dos para el poeta. Es motivo éste del enfrentamiento entre la ella cierta o soñada y el yo padecido y sufriente que se encuentra constantemente pero siempre con variantes interesantísimas que lo renueven. Unas veces es el ideal imposible contra la triste realidad. Otras la adorable maravilla y la imposibilidad trágica de acercarse, de ser digno de ella. A veces, por el contrario, la lealtad frente a la traición, la incomprensión en choque con la entrega y, como consecuencia, el legítimo orgullo del poeta. Los matices del contraste son variadísimos.

En esta rima Bécquer compendia su vocabulario más etéreo, más luminoso, más musical y más trágico. No hay una sola palabra, salvo los inevitables enlaces preposicionales, aunque siempre que le ha sido posible los ha sustituido por simples comas, que no sea esencial, poética y, sin embargo, nunca, ni una ni todas juntas causantes de empalago. Tal es el exquisito gusto, la variedad de atmósferas y de tonalidades y el secreto encanto de su ritmo. Para cualquier oído delicado que no tenga a la vista el texto y sólo escuche la recitación, se distribuye en cuatro estrofas iguales, dos para el "tú", dos para el "yo". El número de sílabas total de cada estrofa es el mismo. La alternancia de versos más largos y más cortos igual. La rima, a primer oído, también sigue el mismo orden. Pero en el impreso notamos enseguida que la última estrofa no es exactamente igual que las tres precedentes. Tiene un verso menos. ¿Cómo puede ser esto?

Sencillamente porque el verso tercero y el cuarto – pentasílabos– se han fundido en uno solo, decasílabo. "Yo, que incansable corro y demente". ¿Por qué? Porque para el paralelismo con sus antecesoras fuese completo, se habría necesitado una rima, por ejemplo, en vez de "yo, que incansable corro y demente", haber dicho "yo que impaciente corro y demente". Quizá Bécquer escribió o, sin escribir, compuso primero los dos versos de cinco, con un adjetivo en "ente", bien fácil de botarle y no inferior al definitivo "incansable" que no parece tan superior expresivamente. Y luego se distrajo o, por cualquier otro motivo, por un capricho de asimetría, muy de él, quebró la óptica regularidad, ya que no la acústica asumiendo en uno dos versos.

Por lo demás las cuatro bellísimas estrofas son métricamente iguales. Sus tres rimas van pareadas, y los dos últimos versos pasan del consonante al asonante. Otra diferencia en la última estrofa. No hay pareado final. El verso de cierre "de una ilusión" no tiene pareja. Es una auténtica escapada por la tangente hacia el imposible infinito de esa ilusión. Como siempre en Bécquer, lo inesperado y anticlásico tiene su razón profunda, su correspondencia perfecta con el sentido de lo que se dice. Por eso el verso penúltimo "tras una sombra, tras la hija ardiente" en vez de preparar la rima asonante para el final, se vuelve atrás a rimar con el anterior "demente". Y esto es lo que explica, aun mejor que la otra hipótesis que avanzamos del descuido o cambio de adjetivo, la diferente fisonomía de la estrofa.

Anotemos por último que todos los versos están construidos con periodos de cinco sílabas, sin más obligación acentual que la de la cuarta sílaba. Métrica de pies iguales, anticipándose a la que va a ser costumbre y casi manía de los modernistas, si bien los de cinco sílabas, los más largos posible dentro del concepto "pié métrico" sean mucho menos utilizados que los de cuatro o de tres, más normales en la fonética española. Muchas bellezas tendríamos que anotar. La sucesión de llama, sonido, niebla y sobre todo el estupendo "gemido" del lago azul. El "mar sin playas", mar de acantilados, trágico, que Bécquer vivió. Y el contraste de plata, que no se cita, y oro de la primera estrofa. Rima en todos sus versos admirable.

3
RUBÉN DARÍO

Hace ya algunos años, en 1986, publiqué en Madrid un trabajo titulado "Modernismo y poetas del 27: presencia de Rubén Darío", que había presentado previamente en las *Primeras Jornadas sobre Modernismo Hispánico*, organizadas por el Instituto de Cooperación Iberoamericana y la Universidad Complutense de Madrid, en su Facultad de Ciencias de la Información. En tal ensayo realicé una primera y muy somera aproximación a las reacciones que los poetas de la generación del 27 experimentaron ante el gran Rubén Darío. En las escasas páginas que ocupó aquella comunicación apenas si pude hacer una revisión, y muy parcial, de la actitud de algunos de estos poetas y, entre ellos, especialmente rápida fue la visión que entonces ofrecí de la dedicación a Rubén Darío de uno de los poetas más significativos de aquel recordado grupo de escritores: Gerardo Diego.

Hemos de partir para esta interesante relación de la admiración de Rubén por don Luis de Góngora. Dámaso Alonso ya señaló que "el culto a Góngora lo trae a España Rubén Darío, y él lo aprende del simbolismo francés. Es curioso y hasta cómico. El entusiasmo de Verlaine por Góngora no pasa de ser una intuición: Verlaine ama a Góngora, a quien no conoce porque es un 'poeta maldito'" (1965: 170). Lo cierto es que, como es sabido, Verlaine admiraba a Góngora, y su verso "a batallas de amor campo de pluma" encabezó un poema, exactamente el titulado "Lassitude" de sus *Poèmes saturniens*, que el autor de *Fiestas galantes* tomó de las *Soledades* de Góngora, verso 1091 y último de la Soledad primera. Por otro lado, Rubén manifestó en más de una ocasión su admiración, junto a otros genios españoles, por "el bravo Góngora", como lo llama en las "Palabras liminares" de *Prosas profanas y otros poemas*, y desde luego, con otros genios, es un símbolo de la España que Rubén más admira y aprecia: "España no es el fanático curial, ni el pedantón, ni el *dómine infeliz*, desdeñoso de la América que no conoce; la España que yo defiendo se llama Cervantes, Quevedo, Góngora, Gracián, Velázquez; se llama el Cid, Loyola, Isabel; se llama la hija de Roma, la hermana de Francia, la madre de América." (1950: 576)

Sin duda, quien antes y más efectivamente contribuyó, entre los poetas del 27, a situar a Rubén en relación con Góngora, fue Gerardo Diego, ya que, como señala su biógrafo Antonio Gallego Morell, comenzó sus lecturas poéticas, como otros compañeros de generación, por Rubén Darío (1956: 49). En 1927, el poeta, que reconoce en su poesía una etapa inicial modernista (1984: 387-389), incluye en su *Antología poética en honor de Góngora* (1979) a Rubén Darío como último eslabón de la cadena del gongorismo o del culteranismo. Incluso en el subtítulo de tan interesante antología figura el nombre del autor de *Prosas profanas*: "Desde Lope de Vega a Rubén Darío". No desaprovecha Diego la oportunidad del prólogo para justificar tal inclusión. Rubén como punto y aparte del antigongorismo del siglo XIX, "porque al doblar el cabo del novecientos ya sabéis que Rubén Darío el bueno volvió a nosotros con la poesía recién viva entre sus trémulas manos. Y con ella la devoción a nuestro don Luis, ya presentemente saludado por los simbolistas franceses. El verso se hace verso, y la esclava sumisa se redime, poeta, bajo tu palabra" (1979: 55).

Por supuesto, los versos escogidos para esta antología no podían ser otros que los que componen el Trébol de *Cantos de vida y esperanza* (1993: 279-280):

De don Luis de Góngora y Argote don Diego de Silva y Velásquez

I

Mientras el brillo de tu gloria augura
ser en la eternidad sol sin poniente,
fénix de viva luz, fénix ardiente,
diamante parangón de la pintura,

de España está sobre la veste oscura
tu nombre, como joya reluciente,
rompe la Envidia el fatigado diente,
y el Olvido lamenta su amargura.

Yo en equívoco altar, tú en sacro fuego,
miro a través de mi penumbra el día
en que el calor de tu amistad, don Diego,

jugando de la luz con la armonía,
con la alma luz, de tu pincel el juego
el alma duplicó de la faz mía.

De don Diego de Silva Velázquez a don Luis de Góngora y Argote

II

Alma de oro, fina voz de oro,
al venir hacia mí, ¿por qué suspiras?
Ya empieza el noble coro de las liras
a preludiar el himno a tu decoro;

ya el misterioso son del noble coro
calma el Centauro sus grotescas iras,
y con nueva pasión que les inspiras
tornan a amarse Angélica y Medoro.

A Teócrito y Poussin la Fama dote
con la corona de laurel supremo;
que en donde da Cervantes el Quijote

y yo las telas con mis luces gemo,
para son Luis de Góngora y Argote
traerá una nueva palma Polifemo.

III

En tanto «pace estrellas» el Pegaso divino,
y vela tu hipogrifo, Velázquez, la Fortuna,
en los celestes parques al Cisne gongorino
deshoja sus sutiles margaritas la Luna.

Tu castillo, Velázquez, se eleva en el camino
del Arte como torre que de águilas es cuna,
y tu castillo, Góngora, se alza al azul cual una
jaula de ruiseñores labrada en oro fino.

Gloriosa la península que abriga tal colonia.
¡Aquí bronce corintio, y allá mármol de Jonia!
Las rosas a Velázquez, y a Góngora claveles.

De ruiseñores y águilas se pueblan las encinas,
y mientras pasa Angélica sonriendo a las Meninas,
salen las nueve musas de un bosque de laureles.

Que Gerardo Diego es, entre los poetas de su generación, el más admirador de Rubén y el que le atribuye una más significativa trascendencia, parece evidente. Y otra buena prueba de ello nos la ofrece su valoración y clasificación como poeta inicial de la contemporaneidad, al mismo tiempo que su consideración, como había hecho también Cernuda, de poeta español o poeta de España, a pesar de su nacimiento americano. La ocasión para demostrar ambas condiciones se la ofrece otra antología, la de *Poesía española contemporánea* y la explicación que aparece en el preámbulo, al justificar, para la versión de 1934, la ampliación que hace del florilegio respecto a la de 1932: "Y así un nicaragüense, a pesar de serlo, figura aquí con pleno derecho de poeta español, como única excepción obligada a la limitación nacional que se halla implícita en el título del libro [...] Pero es evidente que jamás un poeta de allá se incorporó con tal fortuna a la evolución de nuestra poesía patria, ejerciendo sobre los poetas de dos generaciones un influjo directo, magistral, liberador, que elevó considerablemente el nivel de las ambiciones poéticas y enseñó a desentumecer, airear y teñir de insólitos matices vocabulario, expresión y ritmo" (1991: 81-82). Que estas palabras se sitúen justamente en la antología que consagró a los poetas del 27 como grupo, es suficientemente revelador de la trascendencia de Rubén para estos poetas.

La presencia de Darío en la antología de 1934 está constituida, de acuerdo con el esquema habitual establecido para la primera y la segunda edición, de una "Vida", que, naturalmente, en este caso, redactó Gerardo Diego, una "Poética", interesante selección de textos extraídos de diversas obras de Darío, y la selección de poemas, también realizada por el poeta de Santander, lo que nos puede revelar los gustos y preferencias del antólogo: uno de *Azul...* ("Venus"), tres de *Prosas profanas* ("El faisán", "Año nuevo" y "Responso a Verlaine"); y nada menos que once de *Cantos de vida y esperanza*, entre los que destacan, junto a los obligados primero y último ("Yo soy aquel" y "Lo fatal") algunas composiciones representativas por su singular moderación y carácter reflexivo, tan distantes ya de los primeros poemas modernistas de Rubén: "Al rey Óscar", "Los cisnes", "Canción de otoño en primavera", "De otoño", "Caracol", aunque figura también "Salutación del optimista". De *Canto errante* escoge tres ("Dream", "¡Eheu!", "Balada en honor de las musas de carne y hueso"); de *Poema del otoño y otros poemas*, dos ("Poema del otoño" y "Vesperal"); y de *Canto a la Argentina y otros poemas*, tan solo uno, pero indudablemente muy significativo de la lírica que más aprecia Gerardo Diego: "La cartuja", poema reflexivo y agónico donde los haya.

Está claro que las preferencias del antólogo se inclinan lógicamente por los poemas de la obra maestra, *Cantos de vida y esperanza, Los cisnes y otros poemas*, y muestran sin duda su predilección hacia poemas meditativos, comprometidos con la intimidad de su autor, reveladores de las angustias y padeceres del gran poeta, que, a partir de la segunda edición, será, como sabemos, el poeta inicial, situado como portada y comienzo de la antología, pero, eso sí, con sus poemas más dramáticos. Por eso resulta muy interesante el comentario valorativo que ofrece Gerardo Diego tras glosar, muy sucintamente, la biografía de Darío: "Nada tiene de extraño que muriese cristianamente quien había vivido "Entre la catedral de las ruinas paganas", aunque a decir verdad más cerca de estas últimas. Él nos había confesado: "En mi desolación me he lanzado a Dios como a un refugio; me he asido de la plegaria como de un paracaídas". Alma infantil la de Rubén Darío, taciturno y supersticioso o, incapaz de las grandes reacciones de la voluntad, sin duda había en su sangre "alguna gota de sangre de África, o de indio chorotega o negradano, a despecho de mis manos de marqués". Su triple raíz indio americana, española y –por simpatía estética, si no por sangre– francesa, asegura a su obra una integral diversidad de sabores, una coexistencia de ardientes zumos vitales." (1991: 90).

Tienen también interés los textos de "Poética" escogidos por Gerardo para representar las ideas literarias de Darío, tomados de tres de los prólogos de sus libros, *Prosas profanas*, *Cantos de vida y esperanza* y *El canto erran-te*, así como la explicación que facilita el antólogo: "En sus artículos en prosa, y sobre todo en los prefacios de sus libros de versos, Rubén Darío ha dicho cuanto tenía que decir sobre su concepto de la poesía. Recojo aquí algunas frases sueltas, que me parecen especialmente significativas, entresacadas de sus prólogos" (1991: 91). Diego ha utilizado la primera persona del singular para mostrar su indudable intervención directa en todo lo referido a Rubén, lo que también se advierte en los argumentos de los fragmentos escogidos. Así el de *Prosas profanas* alude a la creación "Y la primera ley, creador: crear", que puede relacionarse muy bien con otros muchos textos de poética creacionista de Gerardo Diego, en los que manifiesta ideas parecidas. Y también se refiere al ritmo, a la melodía del poema, tema indudablemente prioritario para el poeta santanderino, como hemos de ver enseguida, cuando nos refiramos al único trabajo académico que escribió sobre Rubén, precisamente dedicado a poesía y ritmo. El de *Cantos de vida y esperanza* trata de la aristocracia de pensamiento frente a la mediocridad, y del amor a la belleza. Y, finalmente, el de *El canto errante* alude al arte y a la palabra, pero sobre todo a su "valor demiúrgico".

En relación con la presencia de Rubén Darío en esta antología, es interesante recordar la reacción de Pedro Salinas, que se habría de convertir en uno de los estudiosos más singulares de la poesía del gran maestro nicaragüense, cuando en una reseña (incluida en *Índice literario*, III, VIII, agosto de 1934), publicada a raíz de la aparición de la segunda edición del volumen, tal como ha recogido Andrés Soria Olmedo en su estudio preliminar a las antologías dieguinas (1991: 50-51). El texto de Salinas puede leerse ahora en Morelli (1997:37): "Con Rubén Darío se abre, no hay duda, la poesía del siglo. Su influencia avasalladora, su deslumbradora potencia lírica, parece dejar en la sombra otras voces poéticas como la de Unamuno, cuyas poesías se publican en pleno bullicio modernista. El lenguaje poético cambia, fiel a los rumbos que le imprime el poeta nicaragüense, y, según, muestra la primera parte de esta antología, la mayoría inmensa de los temperamentos líricos alumbrados de 1900 a 1910 se rinden incondicionalmente a la concepción lírica de Rubén Darío. Parece como si la poesía española hubiese sido lanzada triunfalmente por un derrotero seguro. Y, no obstante, y esta es la lección que se podría desprender de la segunda parte de la antología, desde 1915 el modernismo como fuerza lírica operante amengua y se desvanece. Los nuevos poetas dejan ver, sí, bien claro que el modernismo ha pasado, y muy recientemente, por nuestra lírica."

En 1966, el 6 de febrero, Gerardo Diego publicó en el diario *Arriba* de Madrid un artículo conmemorativo del centenario del nacimiento de Rubén Darío, titulado "Homenaje a Rubén Darío", y, en aquella fecha, se preguntaba nada menos que sobre la actualidad del poeta nicaragüense, es decir, lo que el gran poeta podía aportar al lector actual. Valiente pregunta, sin duda, la que debería hacerse todo lector, de vez en cuando y responderla con sinceridad: "conviene de cuando en cuando meditar, reflexionar, dialogar después de una lectura más atenta y completa de su obra y preguntarnos y respondernos a nosotros mismos en qué momento estamos de la vida póstuma de su excelsa obra poética. Rubén Darío, hoy. Hasta qué punto obra, opera en nosotros, sus lectores, sus nietos en ilusión poética, su verso mágico. Hasta qué punto ha dejado de ser mágico, se aleja, se apaga o enfría. Qué valor proporcional a otros poetas, clásicos o contemporáneos nuestros, guardan para nosotros los poemas de Rubén Darío y los fundamentos de su fe poética, de su estética personal, su sentido de la lengua y del ritmo, sus innovaciones, apuestas y caprichos." (2000: VII, 261).

Y las observaciones que vienen a continuación se centran en lo personal, lo que sin duda tiene su valor a la hora de fijar la posición de Gerardo Diego, en relación con lo establecido por Salinas en el texto antes trascrito. En primer lugar, la manifestación de su fidelidad permanente y no decaída hacia el poeta: "Empezaré por confesar que siempre he sido leal a Rubén Darío". Fiel desde los años de Bachillerato, a pesar de los críticos burlones y adversos que hacían oír su voz en los años mas próximos a la muerte de Rubén, justamente los años de formación de Diego: "La grandeza y el calor humano del poeta de Nicaragua me seguían envolviendo e impresionando en aquellos años decisivos, y aunque no fuese por la forzosidad de su evolución técnica, modelo directo para el principiante, su estrella en mi firmamento personal seguía centelleando con vivísimo fulgor, no inferior al de ninguno de los grandes luminares de la poesía de nuestro idioma" (2000: VII, 260).

Recuerda Diego la frase que algunos años después, acuñó Lorca, en la famosa conferencia al alimón con Pablo Neruda: "Su mal gusto encantador y sus ripios descarados que llenan de humanidad la muchedumbre de sus versos", para preguntarse a continuación sobre lo que es el mal gusto y si lo tenían bueno (el gusto) tanto Lorca como Neruda, con el fin de afirmar de forma manifiesta cuál es el mayor valor que Darío tiene para él: "inventor de la lengua y del estilo que va a imponer el 90 por 100 de sus apuestas en el tapete de las audacias", basados sus riesgos en tres cualidades que Darío tenía: gusto, imaginación y crítica. No se hace esperar, en esto de los atrevimientos del lenguaje, su comparación con Góngora, de quien también se había asegurado que tenía mal gusto. Para concluir, finalmente, que el signo de Rubén Darío, si acaso, en lo que con el gusto tiene relación: "tenía un buen gusto excesivo, y su exceso en intensidad, en embriaguez –porque ebrio sí lo fue, en la vida como en el verso–, en universalidad, anchurosa y cosmopolita con centro agudísimo de fuego, le llevó a veces, el 10 por 100 al fracaso, a la pérdida de la baza." (2000: VII, 261).

Y cita sus composiciones más "escandalizadoras" para probarlo: "Sonatina", "El reino interior", "A Phocas, el campesino", para advertir cómo sus mayores atrevimientos han pasado a la moda modernista o posmodernista e incluso han quedado en el uso vulgar. Y para cerrar este interesante artículo conmemorativo escoge un poema menos conocido o menos reproducido pero que puede pasar muy bien como compendio de las innovaciones darianas, ya que en sus dos estrofas "está toda la personalidad estilística de Darío", tanto en el comienzo como en el neologismo de "*mandarino*" y "el inesperado *salubre*". Y el poema no es otro que el dedicado "A Machado d'Assis" (2000: VII; 261-262):

> Dulce anciano que vi en su Brasil de fuego
> y de vida y de amor, todo modestia y gracia.
> Moreno que de la India tuvo su aristocracia;
> aspecto mandarino, lengua de sabio griego.
>
> Acepta este recuerdo de quien oyó una tarde
> en tu divino Río tu palabra salubre,
> dando al orgullo todos los harapos en que arde
> y a la envidia ruin lo que apenas la cubre.

Corresponde prestar también atención al trabajo de más empeño de los que Gerardo Diego escribiera sobre el poeta, "Ritmo y espíritu en Rubén Darío", destinado a su publicación en el homenaje que la revista *Cuadernos Hispanoamericanos*, de Madrid, le dedicó en agosto-septiembre de 1967 con motivo del primer centenario de su nacimiento. No procede hacer ahora una glosa detallada del trabajo de Gerardo Diego, que, por otro lado, ha sido recogido, aunque sólo en parte, en las obras completas del poeta por José Luis Bernal.

Sí conviene constatar, en todo caso, el interés que Gerardo Diego prestó a Rubén Darío con motivo del centenario y en qué manera contribuyó a la difusión de su obra en los meses previos al año conmemorativo y en enero de aquel 1967 (Darío había nacido un 18 de enero). En su programa radiofónico *Panorama Poético Español*, transmitido por Radio Nacional de España para Hispanoamérica, dedicó el poeta de Santander varios tiempos de radio a Rubén, según consta en los archivos familiares de Gerardo Diego. A la vista de los originales mecanografiados de dichos programas, técnicamente inéditos, ya que si bien fueron radiados, nunca han sido editados como tales radiotextos, podemos citar, por lo menos, los siguientes, anotando la numeración-signatura con que figura en el Archivo Gerardo Diego: 1034: "Elasticidad y espiritualidad", 12 de agosto de 1966; 1035: "La elasticidad del verso", 12 de agosto de 1966; 1036: "El retroceso melódico", 12 de agosto de 1966; 1039: "Melancolía", agosto-septiembre, 1966 (Sobre el poema del mismo título de *Cantos de vida y esperanza*); 1054: "Venus desde el abismo", 2 de septiembre de 1966 (sobre "Venus", de *Azul...*); 1056: "Y se despedían de sus azahares", 2 de septiembre de 1966 (sobre "El faisán" de *Prosas profanas*); "Que ensangrientan la seda azul del firmamento", 16 de noviembre de 1966 (sobre "Los piratas", de *El canto errante*); 1058: "Y un resplandor sobre la Cruz", 16 de noviembre de 1966 (sobre "Responso a Verlaine", de *Prosas profanas*); 1073: "Los Raros", 18 de enero de 1967; 1074: "Libros extraños que halagáis la mente", 18 de enero de 1967 (Sobre "Libros extraños", de *El canto errante*); "Sentimental, sensible, sensitiva", 18 de enero de 1967 (Sobre "Yo soy aquel que ayer no más decía", de *Cantos de vida y esperanza*).

Algunos de estos textos formaron parte del trabajo publicado en *Cuadernos Hispanoamericanos*, tras sufrir las correspondientes correcciones y operaciones de adecuación, tal como se puede advertir por los titulillos de algunos de los parágrafos en que se divide el trabajo, del que merecen nuestra atención algunos detalles puntuales. En primer lugar, la admiración por el carácter prodigioso y fecundo de Rubén Darío sigue siendo máxima. En la introducción al trabajo se deshace, antes de entrar en las materias rítmicas que le interesan, en elogios para lo cual concluye con el poema "Lo fatal" en la superación de la controversia entre el espíritu y la materia, a través de las palabras incluidas en el celebrado poema sobre la piedra o el árbol. "¿Cómo no recordar –escribe Diego– esa poesía por su brevedad, pero poema, inmenso poema por su densidad, hondura espantable, ese su máximo poema "Lo fatal"? Piensa o siente el poeta que frente a su infelicidad radical son dichosos por su escasa potencia o su total carencia de sensibilidad el árbol y la piedra" (2000: VII, 265).

En segundo lugar, las aproximaciones a los aspectos rítmicos de Rubén, que el poeta santanderino enfoca desde la parte más eminentemente musical, en dos apartados: "El verso elástico", "Elasticidad y color en Darío", para dedicar las otras tres partes del comentario a tres poemas dilectos: "Venus", de *Azul...*en "Venus desde el abismo"; "Los piratas" de *El canto errante*, aunque es un poema de 1898, en el apartado "...Que ensangrientan la seda azul del firmamento", y el prólogo a *Cantos de vida y esperanza* en el sector titulado "Sentimental, sensible, sensitivo".

Es curioso que los poemas citados por Gerardo Diego en el trabajo, los ya nombrados "Venus" y "Lo fatal", pero también "Yo soy aquel que ayer no más decía", "Marina", "Canción de otoño en primavera" o "Balada en honor de las musas de carne y hueso", son poemas recogidos por él, muchos años antes, en la antología de 1934, tal como antes hemos tenido ocasión de señalar, y que ahora comenta en este trabajo de los sesenta como ejemplos de determinados prodigios rítmicos del gran Rubén Darío. Por lo que podemos colegir que cuando fueron escogidos en 1934, sin duda, entre otras razones, pesaría, y mucho, la cuestión del rimo y de la música. Así queda claro que de la "Balada en honor de las musas de carne y hueso", lo que más le admira es que "Rubén liberó al endecasílabo español de la obediencia a la ley de no acentuación en séptima sílaba" (2000, VII: 266). De "Marina", que relaciona muy lúcidamente con "La Mer" de Debussy, composición de casi las mismas fechas, destaca que "todo el mar, ejemplo soberano de libertad y elasticidad, se revuelve sublime en los versos orquestales –y tan íntimos también, tan espirituales– de Darío" (2000, VII: 269). Y, por último, de "Venus" sus "desconcertantes" (2000, VII: 274) versos de diecisiete sílabas.

Pero quizá de todo el trabajo, por no entrar en otros pormenores interesantísimos, el pasaje más brillante lo constituye el elogio del atrevido verso de Rubén perteneciente al prólogo de *Cantos de vida y esperanza*: "senti-mental, sensible, sensitiva": "¡Quien se había atrevido antes que él –escribe Gerardo Diego– a un desnudamiento progresivo, a un teclear cada sílaba más dolorida, más ahondando en la llaga, como estos tres derivados adjeti-vos de la línea del sentir? [...] Por otra parte, la sucesión alineada de los tres adjetivos es sencillamente nueva y genial en su gradación ahondante y ex-presivista. Primero el casi vulgar "sentimental" que importaba fuese por de-lante para contrarrestar la acusación del poeta intelectual o frío. ¡Frío Rubén, que es el más ardiente de cuantos conozco! Después, el más breve y senci-llo, "sensible". Ser sensible no es lo mismo que ser sentimental. Es mucho menos, pero por otra parte es mucho más, más, abarca mucho más. Y, fi-nalmente, el más penetrante hasta fonéticamente con sus cuatro sílabas y su juego de íes seguidas. Buida como un punzón, la palabra se ahínca, desga-rra, penetra, hiere de mis alma es más profundo centro porque parte del más profundo centro y de la más ardiente piel de alma de Rubén" (2000, VII: 282).

Algunos años después, y ya pasados los fastos del centenario, otro artí-culo de prensa interesante, sobre Rubén Darío apareció en el diario *Arriba*, el 8 de abril de 1977, titulado "Charitas", texto del que también existe una ver-sión previa en los archivos familiares de Gerardo Diego, inédita, en forma de radiotexto, para el programa de Radio Nacional de España para Hispanoa-mérica, *Panorama Poético Español*, radiado unos meses antes, el 28 de noviembre de 1976. Interesa este trabajo por referirse a un poema pocas veces recordado de Rubén, y por tratarse, desde luego, de un poema religio-so, al que Gerardo Diego prestó atención sin duda por sentirse más receptivo que otros poetas de su tiempo, ajenos a la preocupación religiosa, en la que, sin embargo, cada uno a su modo, coincidían Darío y Diego. Porque no es este artículo periodístico otra cosa que un comentario al poema "Charitas", que Darío incluyó en *Cantos de vida y esperanza*, aquel en el que despliega sorprendentemente unos conocimientos muy precisos y bien documentados de la religión católica al enumerar en sus versos los nueve coros celestiales de espíritus bienaventurados (ángeles, arcángeles, príncipes, potestades, virtudes, dominaciones, tronos, querubines y serafines...), El poema está, como es sabido, dedicado a San Vicente de Paul (1581-1660), sacerdote francés que se distinguió en el socorro de los pobres y desvalidos, que fundó en 1633 la comunidad de las Hijas de la Caridad.

Un aspecto interesa de forma especial al poeta comentarista: el ritmo de sus versos creado para acoger la celebración teológica del santo con la enumeración de los ya citados coros de bienaventurados. "El poema –señala Gerardo Diego– está escrito en métrica romance, pero de un romance que apenas lo parece. Era Darío especialista en renovar todas las formas estrófi-cas y tornarlas absolutamente nuevas por la maravilla el ritmo libre. Así, en este poema que me place recordar, porque no yo, sino él mismo, se empa-renta con el Dante de la *Divina comedia*, de su "paradiso" y con la angelo-gía toda de la fe católica. Le basta a Rubén una simple elasticidad de ritmo, que sustituye la monotonía de un verso isosílabo por el tan musical acorde del la silva de siete alternando con once. Y con esto sólo consigue una melodía nueva, una oscilación literalmente ascensional, una asunción por todas las esferas de los nueve coros angélicos" (1997: V, 520). Verso, ritmo y estructura ascensional son perfectamente advertibles en una nueva lectura de tan olvidado poema (1993:281-282):

A Vicente de Paul, nuestro Rey Cristo
con dulce lengua dice:
-Hijo mío, tus labios
dignos son de imprimirse
en la herida que el ciego
en mi costado abrió. Tu amor sublime
tiene sublime premio: asciende y goza
del alto galardón que conseguiste.

El alma de Vicente llega al coro
de los alados Ángeles que al triste
mortal custodian: eran más brillantes
que los celestes astros. Cristo: «Sigue»,
dijo al amado espíritu del Santo.

Ve entonces la región en donde existen
los augusto s Arcángeles, zodíaco
de diamantina nieve, indestructibles
ejércitos de luz y mensajeras
castas palomas o águilas insignes.

Luego la majestad esplendorosa
del coro de los Príncipes,
que las divinas órdenes realizan
y en el humano espíritu presiden;
el coro de las altas Potestades
que al torrente infernal levantan diques;
el coro de las místicas Virtudes,
las huellas de los mártires
y las intactas manos de las vírgenes;
el coro prestigioso
de las Dominaciones que dirigen
nuestras almas al bien, y el coro excelso
de los Tronos insignes,
que del Eterno el solio,
cariátides de luz indefinible,
sostienen por los siglos de los siglos;
y el coro de Querubes que compite
con la antorcha del sol.
Por fin, la gloria
de teológico fuego en que se erigen
las llamas vivas de inmortal esencia.

Cristo el Santo bendice
y así penetra el Serafín de Francia
al coro de los ígneos Serafines.

El mismo Gerardo Diego advierte que este poema de Rubén "suele pasar inadvertido" y "no es de los más geniales", "pero tampoco merece el olvido en que se le arrincona" (1997: V, 520). En realidad, a nuestro juicio, es un poema espléndido, grandioso, de celebración, y que mucho tiene que ver con el espíritu de Rubén Darío en estos años, relacionado con la muerte. Como ha señalado Alberto Acereda, "A Rubén, pese a todo, le cuesta aceptar la muerte bellamente y sólo la vislumbra cuando la emparenta con elementos cristianos y más concretamente hagiográficos, como en el caso de "Charitas". Ahí Rubén poetiza la entrada de San Vicente de Paul en el cielo, en donde Cristo le reclama el goce en su ascensión. Porque Rubén, sin duda, se horroriza y se complace ante la muerte" (1992, 100).

Como otros poetas de su generación, pero quizá aún más que ellos, Gerardo Diego admiró y veneró a lo largo de toda su vida a Rubén Darío y glosó algunas de las cualidades que sin duda de él más le sedujeron: su capacidad de innovación, su atrevimiento, su ansiedad por romper moldes, tanto desde el punto de vista de los universos poéticos, como desde la conformación técnica, donde música y ritmo tienen un papel tan importante, fundamental para Gerardo Diego, músico al fin. Pero sobre todo admiró su capacidad para crear, para crear poesía y arte, para crear con la palabra poética, superar con ella la vulgaridad de la vida cotidiana y comunicar, en fin, un nuevo espíritu, emociones y compromisos humanos, y una nueva fe en la poesía que el propio Gerardo Diego, también discípulo lejano y espiritual del gran Darío, hizo realidad en su propia obra poética.

4
AZORÍN

La relación Gerardo Diego-José Martínez Ruiz, Azorín, revela matices de mutua admiración que son de notable interés para comprender a estos dos grandes escritores de nuestro siglo. El discipulaje confesado por el poeta de Santander hacia el escritor de Monóvar, la devoción por su obra y muy especialmente por su sentido poético, evidenciado en formas y contenidos, eran correspondidos por Azorín con no oculta simpatía hacia el escritor joven, sobre cuya obra escribió, tal como estudiamos en 1990, y a quien terminaría dedicando *La isla sin aurora*, con un texto que el poeta recordaba con tanta gratitud como sorpresa: "A Gerardo Diego, poeta del ensueño". Aunque era Gerardo Diego quien consideraba al prosista Azorín justamente eso, un "poeta del ensueño". También Gerardo Diego dedicó, en 1949, un libro suyo a Azorín, el titulado *Hasta siempre*, con un texto tan lacónico como expresivo: "Al poeta Azorín".

La relación de los artículos que Gerardo Diego escribió sobre Azorín es numerosa. He aquí una lista de los mismos:

"El poeta Azorín", *ABC*, 16-2-1949.

"Homenaje a Azorín", Discurso. Instituto de Cultura Hispánica, mecanografiado inédito, 18-3-1958.

"Azorín en tres tiempos", *Panorama Poético Español*, 26--3-1958.

"*Pueblo* y *La isla sin aurora*, *Panorama Poético Español*, 15-3-1967.

"Estaciones con Azorín", *Panorama Poético Español*, 20-3-1967.

"Crónicas de Azorín", *ABC*, 18-11-1965.

"Monóvar y Azorín", *ABC*, 7-9-1966. También en *Anales Azorinianos*, 3, 1986.

"Azorín muerto", *Arriba*, 3-3-1967.

"Epílogo en 1967", Arriba, 3-3-1967.

"Las novelas de Azorín", *La Nación*, 17-9-1967.

"Lectura y vejez", *Arriba*, 29-2-1968.

"Fantasía y realidad en Azorín", *Arriba*, 4-5-1969.

"El novelar de Azorín", *La Estafeta Literaria*, 517, 1-6-1973.

"La prisa y el tiempo", *ABC (Los Domingos de ABC, Número Extraordinario dedicado a Azorín)*, 3-6-1973.

"La raspa", *ABC*, 28-3-1974.

"Azorín aficionado", *Arriba*, 31-3-1974.

"Azorín, Benjamín y la pintura poética", *28 pintores españoles vistos por un poeta*, Ibérico Europea de Ediciones, Madrid, 1975, pp. 152-156.

Muchas más fueron las constantes referencias a su figura y a su obra, observables en multitud de textos, que pueden leerse en *Obras completas*. Si Gerardo Diego escribió unos 4.500 artículos para la prensa y la radio, se aproximó, y mucho, a los casi 5.000 que tenemos reseñados de Azorín, tal como recogió en 1992 E. Inman Fox. Escritores de cuerpo entero, artistas de la palabra, que, desde luego, estaban destinados a admirarse y comprenderse. Y así fue, en efecto. De la lectura de los textos de Gerardo Diego no se desprende otra cosa, y sus contenidos proyectan mucha luz sobre la calidad de esa amistad y relación literaria tan intensa. En esta oportunidad sólo vamos a aludir a una revelación –la confesión de Gerardo Diego, en la que se considera discípulo de Azorín– y una simpática anécdota, casi familiar, como introducción a los textos que ofrecemos como apéndice.

En efecto, Gerardo Diego se confiesa discípulo de Azorín en varios textos, pero entre ellos ninguno tan significativo como en el artículo titulado "Azorín, Benjamín y la pintura poética" (1975: 153). En la evocación de la pintura de Benjamín Palencia recurre el poeta al recuerdo personal y a los efectos que sobre su espíritu, cansado profesionalmente, tras unas oposiciones, ejerce la pintura de Palencia en su etapa surrealista, que describe con detalle. Quizás, de los textos recogidos en torno a este artista en *28 pintores*, lo más llamativo, producido, sin duda, por las circunstancias de inaugurar o presentar una exposición de Palencia en Monóvar, es la comparación llevada a cabo con Azorín, incluso desde sus mismos nombres terminados en í aguda con nasal. Se trata de una lúcida comparación de paisajes abiertos de Levante y Castilla, de representaciones surrealistas en ambos creadores en algún momento de su producción, y, sobre todo, de ser, los dos, creadores de una poesía del paisaje, sin necesidad de utilizar el verso. Es lo que Diego denomina, muy bellamente, "pintura poética" que define el arte de estos dos contemporáneos, prosista y pintor, Benjamín y Azorín. Entre las muchas notas interesantes que desliza Gerardo en sus textos, nada tiene tanto valor documental como esta confesión de discipulaje de Azorín: "Sí, yo he sido discípulo y continúo siéndolo [de Azorín] [...] Discípulo de Azorín más aún que de Antonio Machado. Los críticos literarios, que no siempre atinan, me señalan, por ejemplo, en mi libro *Soria*, la influencia del noble Antonio Machado. Y ésta es cierta, aunque no muy definidora. Sí lo es, en cambio, tan tangible que pasma el que no se vea, la de Azorín. Y, por supuesto, la de Azorín sobre el propio Antonio Machado".

Más entrañables son los artículos que dedica a su relación personal con Azorín, sobre todo el titulado "La raspa" (*ABC*, 183-1974) (1997, IV, 412), en el que relata una visita a casa del autor de *La voluntad*, acompañado de su hija Elena, entonces adolescente, y al entusiasmo que en ese momento Azorín muestra por una radio de transistores que le han traído de los Estados Unidos, invento moderno que, al ponerlo en marcha el propio escritor para que lo aprecien sus visitantes, deja oír la en ese momento popular música de "La raspa", identificada inmediata y lacónicamente por Azorín: 'La raspa...' ". Gerardo lo cuenta con evidente simpatía y cierto candor, puesto de manifiesto en la conclusión de la anécdota: "Al salir de Zorrilla, 21, le dije a mi hija: "Ya puedes presumir de haber conocido a Azorín y de haberle oído tocar, siquiera sea en transistor, 'La raspa'". Y no hay que decir lo cariñoso que Azorín, a quien tanto gustaban los niños y mi primogénita casi lo era, estuvo con ella".

Lo reproducimos en el apéndice de este capítulo ya que el texto es muy revelador de la relación existente entre ambos escritores. En primer lugar por su propio género literario, el artículo de prensa basado en recuerdos que Gerardo Diego publicaba habitualmente en la prensa madrileña y que acentuó en sus últimos años de vida literaria activa, nutrido por multitud de recuerdos personales en lo que constituye, de una forma asistemática, lo que hemos denominado la "Memoria de un poeta". Justamente, este anecdótico artículo sobre Azorín, y también brevemente sobre el pintor Solana, reúne las condiciones señaladas. Escrito bastantes años después de lo sucedido, ya que podemos fechar esa visita a Azorín hacia 1952 –ya que Elena Diego, la hija visitante había nacido en 1935– revive con emoción, como haría en otros muchos artículos, sus encuentros con el maestro de Monóvar.

En lo que se refiere a la vigencia, entonces y ahora, de Azorín, el artículo de 1974 contiene datos reveladores: la confesión, una vez más, del discipulaje de Gerardo Diego hacia el que siempre consideró su maestro, en muchos aspectos, como reiteró en numerosas ocasiones, y en este artículo confirma por enésima vez en las palabras finales. Y podríamos añadir que Azorín no sólo fue maestro de Gerardo Diego, sino también su lector y admirador, como lo fue en la misma triple admiración de otros escritores hoy fundamentales en la literatura del siglo XX, comenzando por Gabriel Miró y siguiendo por Pedro Salinas, Jorge Guillén, hasta llegar a Rafael Alberti o Federico García Lorca, pasando desde luego por Gerardo Diego. La impecable prosa azoriniana, los problemas existenciales presentes en toda su obra, pero sobre todo en sus primeras novelas, su lectura de los clásicos y su lectura de España, de su paisaje, y de los españoles, son sin duda los legados azorianos vigentes para las generaciones de escritores inmediatas, vigentes aún hoy para los lectores fieles que Azorín tiene, o debe tener, hoy día.

Incluimos también otro revelador texto de Gerardo Diego. Se titula "Homenaje a Azorín" (1997: IV, 745). En la "cronología" que figura en la edición de *Obras completas. Poesía* se dice: "1958. Marzo. Homenaje a Azorín en Cultura Hispánica con intervención de Gerardo Diego. Asiste a él el escritor homenajeado". En efecto, según consta en el texto que reproducimos, la fecha del acto dedicado a Azorín fue el 18 de marzo, la víspera de su santo, y éste –el onomástico– el motivo de la reunión en la que participaron diversos escritores, entre ellos Gerardo Diego, que leyó un texto de tres folios, inédito que sepamos hasta la fecha. Como era costumbre en Gerardo Diego, algunos fragmentos de este texto fueron reproducidos en artículos de prensa y radio posteriores, como es el caso de "Azorín en tres tiempos", que se leyó en el Tercer Programa de Radio Nacional de España, dentro de su espacio *Panorama Poético Español* el 26 de marzo del mismo año, procedente, en forma resumida, del que reproducimos.

Como podemos advertir, el texto consta de tres partes, que recogen tres momentos del acercamiento inicial de Gerardo Diego a Azorín, y dos poemas, uno de 1919 y otro de 1958, éste último acabado de escribir, como veremos más adelante. Las anécdotas relatadas en la primera parte son interesantes. Y también iluminadoras para la biografía de Azorín. Por ejemplo, el hecho de que Don José Martínez Ruiz formó parte, en 1917, como vocal en el Tribunal de Oposiciones para Catedráticos de Instituto en la asignatura de Lengua y Literatura Españolas, en su condición de "vocal competente", ya que el autor de *La voluntad* no poseía la condición de Catedrático, que deben reunir los miembros del Tribunal. Tal hecho no figura en la cronología del libro de Riopérez, aunque sí su relación con el Ministerio, ya que al final de ese año sería nombrado Subsecretario de Instrucción Pública. Datos también para la biografía de Gerardo Diego: en 1917 asiste como espectador a estas oposiciones a una sola plaza, que obtiene Severino Rodríguez Salcedo. Se queda en puertas, "colocado", como se decía entonces, Samuel Gili Gaya, a cuyos valores añade el prestigio que le otorga el voto de Azorín. En 1919 el joven santanderino hace sus primeras oposiciones, también con una sola plaza, Baeza, que obtiene Gili Gaya. Quedan "colocados" Emilio Alarcos García y Gerardo Diego. En 1920 vuelve a concurrir, esta vez con Emilia Pardo Bazán presidiendo el Tribunal, y obtienen Alarcos y Diego las dos únicas cátedras: Gijón y Soria. Las oposiciones comienzan el 27 de enero y terminan el 12 de marzo. Toma posesión de la cátedra de Soria el 21 de abril. Emilio Alarcos García sería luego catedrático de la Universidad de Valladolid, y padre de Emilio Alarcos Llorach, que nació en Salamanca en 1922.

Respecto a otros asuntos tratados en este "Homenaje a Azorín", el Medinilla a que se refiere Gerardo es el poema de Pedro Medina Medinilla, *Égloga en la muerte de Doña Isabel de Urbina*, publicado por Diego en la colección Libros para Amigos, Santander, 1924, y *Soria* es su libro de poemas *Soria. Galería de estampas y efusiones,* editado también por Libros para Amigos, en Valladolid, 1923. La colección Libros para Amigos la patrocinaba y cuidaba José María de Cossío. *La isla sin aurora* es en efecto una magnífica novela de Azorín publicada por Ediciones Destino en Barcelona, en 1944, que, como sabemos, fue dedicada por Azorín a Gerardo Diego...

Unas breves anotaciones precisan los dos poemas (de 1919 y de 1958, como ya hemos señalado) que Gerardo escoge, entre toda su obra en verso, para homenajear a Azorín. El primero de ellos es una bella estampa castellana y su contenido no puede ser más adecuado para ofrecerlo al autor de *Castilla*. El poema concuerda en temperatura, en detalles temáticos, alusiones e imágenes con la Castilla evocada por Azorín. "Saludo a Castilla" no se incluyó en la primera edición de *Evasión*, que sólo en parte se publica en el libro *Imagen. Poemas* (1918-1921), Gráfica de Ambos Mundos, 1922. Sí en la primera edición independiente de este libro, no aceptada por Gerardo Diego, de la revista *Lírica Hispánica*, números 189 y 190, Caracas, 1958. Pero el poema es conocido ya por los lectores desde que se integra en la *Primera antología de sus versos*, Espasa-Calpe, Madrid, 1941, con el mismo texto que ahora lee Gerardo Diego ante Azorín. En *Obras completas. Poesía* se agrupa en la sección final de *Hojas*, en la serie "1919", pero con una estrofa más, en quinto lugar:

> Por el balcón asoma una iglesia su faz,
> una iglesia barroca
> con medallones atormentados y una esquila tenaz.

Y algunas variantes: el verso *Aprisa los gallos...* en la *Primera antología* y en *Obras completas. Poesía* se lee: *Aprisa los gallos cantan, cantan con petulancia.* Se suprimen las admiraciones en *¡qué maravilla!:* en *Obras completas. Poesía: qué maravilla;* el verso antepenúltimo, en *Obras completas. Poesía* lleva tan sólo dos signos de admiración y no cuatro como figura en el texto de Espasa-Calpe y en el reproducido por Gerardo Diego.

El poema "El cuévano vacío (Vega de Carriedo)" se incluyó en *Mi Santander, mi cuna, mi palabra*, Diputación, Santander, 1961, Y en *Obras completas. Poesía*, con un texto diferente, por lo que a través de este original de Gerardo Diego conocemos una primera versión inédita del poema, que definitivamente fue muy distinto:

> ¿Tanta prisa en ir a la corte?
> Ay Felices, Felices,
> -cestero te llamaron, qué calumnia-,
> bordador insigne,
> ¿dónde encontrar, mejor que aquí en la Vega,
> para tus sedas lumbres y matices?
> Mira ese cuévano, hombre,
> rematado con gracia
> y con aquel para que en él anide
> el Lopillo que esperas.
> Pero tú, arriba, al puerto, a los trajines
> de la corte. Ay mi paisano,
> hidalgo carredano, infiel Felices.
> Si llega a nacer Lope en la Montaña...
> Buena, buena la hiciste.

Merece una explicación este poema y su inclusión por Gerardo Diego en su homenaje a Azorín. Se trata de una composición de tema santanderino, que Gerardo Diego escribía en esas fechas, como otras muchas, cuando preparaba un gran libro para "su" Santander, que se convertiría en el gran retablo de temas montañeses de nuestro poeta cuando viera la luz, a los pocos años, en 1961. El poema trata, como todos los pertenecientes a este libro, de un motivo fijado a un paisaje montañés, el Valle de Carriedo, denominado por Gerardo con evidente intención alusiva, "Vega" de Carriedo. Y trata también de un personaje del que sabemos muy poco, del padre de Lope de Vega, que nació en ese valle de Cantabria. Tanto Gerardo como Martínez Ruiz eran excelentes lopistas, seguidores y admiradores de su obra y conocedores de la vida y milagros de su tan querido para los dos "Fénix de los Ingenios". El poema no está dedicado a Lope sino a su padre, Félix de Vega Carpio (nombrado en los documentos de la época, partida de defunción y otros, como Felices de Vega), que, como su mujer, Francisca Fernández, era natural del paraje cántabro antes citado, es decir de La Montaña, de donde se vino a la Corte para ejercer su profesión de cestero, según se desprende de los versos que Lope de Vega le dedica en *La Filomena*:

> Apenas en mi nido,
> que de torcidas pajas fabricaba
> mi padre, de los montes procedido.

o en *La Circe:*

> No ha sido ingratitud, desdicha ha sido;
> que nunca a mí me falla alguna pena
> entre las pajas de mi pobre nido.

Tal información procede de la *Vida de Lope de Vega* de Hugo Rennert y Américo Castro, de 1918. Este último anota que lo de cestero era una imagen retórica, porque en realidad a lo que el padre de Lope se dedicaba era a bordador, lo que también Gerardo tendrá presente, como indudablemente los dos textos de Lope, al escribir su poema, igual que tiene en cuenta, del mismo modo, el nombre de Felices con el que este buen hombre era conocido, la falsedad de llamarlo "cestero" y el "nido" a que Lope alude de forma simbólica. Pero lo más interesante es que entre la primera versión, que ahora conocemos a través de este inédito de Gerardo Diego, y la definitiva, el poeta de Santander corrige decididamente la profesión del padre de Lope, y de cestero, lo convierte en bordador, mientras rechaza como calumnia la atribución de un oficio sin duda más humilde al padre de Lope, aunque el único culpable de esta atribución es el propio Fénix con los versos alusivos a la humildad de su cuna. Cambia además los materiales para su oficio, y los mimbres de la primera versión los convierte en lumbres y matices para sus sedas. Que era bordador está probado por la documentación de la época, recogida puntualmente en el libro de Castro y Rennert. Azorín que tanto gustaba de estos detalles biográficos, sin duda entendió mejor que nadie este homenaje montañés de un montañés al también montañés progenitor de Lope, que inevitablemente era al mismo tiempo un bello homenaje a su tan admirado (por ambos) Lope de Vega.

Gerardo Diego, poeta del ensueño, mantuvo con fidelidad su amor y su admiración hacia Azorín a lo largo de los años. Azorín, también poeta del ensueño, como lo llamara Gerardo Diego, debió de escuchar con satisfacción las palabras que su admirador y seguidor le dedicó en aquel Madrid primaveral de 1958, en las que le trasmitía la expresión de un afecto jamás desaparecido.

APÉNDICE

Gerardo Diego
HOMENAJE A AZORÍN

Es ahora costumbre en los escritores contar cómo conocieron a sus mayores y a los de su edad. Luego, se publican libros con una serie de encuentros, semblanzas y memorias que son muy apreciados, tanto por el sentido humano, documental de la confidencia como por el valor iconográfico o estilístico con que el autor puede, cuando tiene talento, enriquecer su prosa. El propio Azorín es maestro de generaciones y semblanzas y como el objeto del acto que aquí nos congrega es honrarle en la víspera del día de su santo y ofrecerle el respeto, la admiración, el cariño de los poetas españoles como a poeta y maestro de poetas, quizá no parezca disparatado que yo cuente cómo lo conocí. Es decir, cómo le conocí yo a él que no él a mí. Fue ello con motivo de mis andanzas profesionales o, mejor dicho, anteprofesionales. Tenía yo 20 años y me faltaban unos meses para cumplir la edad mínima de opositor a Cátedras. Pero para irme fogueando, aunque fuera desde la barrera, vine a Madrid a asistir a las convocadas -una sola plaza y docena y media de opositores efectivos, presentados- en 1917. Entonces vi por primera vez a Azorín y durante largas semanas y pausadas horas le admiré en su sillón de vocal "competente", como entonces se llamaba al miembro del Tribunal no catedrático ni académico que representaba en la ideal Justicia de aquella legislación al hombre de la calle no deformado profesionalmente y sin embargo famoso y experto en la ciencia o disciplina en cuestión. Naturalmente tratándose de una cátedra de Lengua y Literatura debía ser un notable escritor. Y al menos aquella vez la designación fue justísima: Azorín. Dos años más tarde, a mí en mis oposiciones triunfadoras me tocó otro u otra no menos indiscutible, que a la vez presidía el Tribunal por su carácter más o menos eventual de catedrático o catedrática: Emilia Pardo Bazán.

Pues bien, Azorín, sonrosado, rasurado, carirredondo, imperturbable, correctísimo, no pestañeó durante las interminables horas de los interminables ejercicios. Pero había un no sé qué en su faz, en su mirada a un tiempo vaga y precisa, en su continente elegante, levemente irónico, que nos hacía evidente a todos los espectadores la profunda atención que el britano de Monóvar prestaba a todas las agudezas, finuras, erudiciones y dislates que frente a aquel temeroso pentacéfalo sedente se iban sucediendo. Llegó al fin la hora de la votación y con ella la adjudicación de la cátedra y mientras por mayoría de votos iba saliendo triunfador el estudioso compañero palentino Severino Rodríguez Salcedo, Azorín, al llegarle su turno, se puso en pie con prestitud y dignidad de monarca que oye tocar la Marcha Real -exactamente como yo le había admirado muchas veces a Alfonso XIII- para abrir la boca por primera vez y pronunciar: "Don Samuel Gili y Gaya".

Samuel Gili que no ha sido ni es poeta, pero sí filólogo delicadísimo y verdadero sensitivo del ritmo y del misterio poético, había de salir catedrático en las siguientes oposiciones, a las que yo pude ya concurrir, y que fueron para la cátedra de Baeza. Y seguimos aproximándonos a la poesía, porque entonces acababa Antonio Machado, catedrático de Instituto, de honrar el Instituto, que él llamó rural, de Baeza.

Mi segundo encuentro con Azorín se verificó en una librería por él muy frecuentada y fue igualmente, por mi parte, de incógnito. Entre otras razones porque no hubiese sido correcto que yo interrumpiera una sabrosísima conversación -increíble por azoriniana para mi suerte al sorprenderla- entre Don José y el Marqués de Villaviciosa de Asturias, héroe del Naranco y personaje literario y político ciertamente fabuloso. Lástima de cinta magnetofónica, chisme que entonces no existía. Aquella plática fue literalmente un "Epílogo" de Azorín, uno de esos epílogos en que Azorín mismo se presenta al lector al bies de la fantasía y como no creyendo demasiado en su propia existencia.

Y ya el tercero y definitivo, esta vez hablando él -no mucho- y yo también algo, no demasiado porque en algo me he de parecer al maestro, tuvo lugar en su casa, abierta amablemente a mi visita. Ya para entonces unos librillos míos, entre ellos y sobre todo un *Medinilla* y un *Soria*, me habían servido de tímidos embajadores. Mi devoción a Azorín, manifestada siempre y obligada por lo mucho que le debe mi afición de lector y mi afición de escritor en verso y prosa, tuvo un venturoso día una indebida y generosa paga: la dedicación de un libro, no de un ejemplar, del libro mismo. Uno de los libros más encantadores de Azorín. Encantador y encantado porque *La isla sin aurora* es una fantasía novelesca llena de encanto y encantamiento. Un libro de poeta. Lo abrí y leí impreso: "A Gerardo Diego, poeta del ensueño". Pero ¿quién es el poeta del ensueño: él o yo? Yo, sí, quisiera serio. Poner ensueño en la realidad y realidad -esto es, exactitud, plasticidad- en el ensueño es la doble y única labor del poeta. Y esto es, no sé si lo que. Yo he podido realizar alguna vez, pero sí lo que Azorín nos ha enseñado a hacer durante sesenta años. Leed, o releed, queridos amigos, "mi" isla, *La isla sin aurora* y me daréis las gracias.

En otras ocasiones he escrito sobre "Azorín poeta". Otros lo han hecho antes y después que yo y lo están haciendo hoy mismo, que a eso hemos venido. Urge estudiar, sin embargo, de modo sistemático no sólo la esencia poética del arte de Azorín sino su influencia en la poesía actual. Yo sólo diré unas palabras de su influencia en mí, de la que sé más que nadie. Muchos han dicho -han visto- que mi libro *Soria*, sobre todo, en su primera "galería", la de 1922, está influido por Antonio Machado. Yo diría que no mucho. Hay más homenaje que comunidad de sentimientos o de técnica o de visión. Pero en lo que esté influido de Machado, lo está también y a través de él, de Azorín. De suerte que la influencia de Azorín en estos versos míos se produce por doble vía: directa y a través de Antonio Machado. Y es por eso mucho más decisiva. Sin *Los pueblos* no se pudieran haber escrito *Campos de Castilla*. Recuerdo que al ofrecerle yo un ejemplar en la generosa edición "para amigos" regalada por José María de Cossío, reconocía yo mi deuda a Azorín.

Esta deuda databa de algunos años antes. Por ejemplo, en uno de mis primeros libros, *Evasión*, puede leerse, entre otros, este poema:

SALUDO A CASTILLA

En el agua fría de la palangana
   yo te saludo, Castilla,
en el agua y filo de cristal de la mañana.

Te he conocido, madre, aun sin salir de casa.
   Te he conocido
por la losa de rosa y la pared bien rasa.

Aprisa los gallos cantan con petulancia,

cantan aprisa
como aquellos del Cid en Cardeña la rancia.

Y hay en el aire un primoroso olor secular,
    un olor dilatado
sobre el espacio del tiempo como el ritmo del mar.

Aun sin salir de casa te conozco, Castilla.
    Madre, te he adivinado
en los áureos buñuelos y en la cuerda de la mirilla.

Y al abrir el balcón,
    ¡qué maravilla!
grito glorioso al descubrirte como un nuevo Colón:
    ¡¡Castilla!!
    ¡¡Castilla!!

Por cierto, que este descubrimiento mío no se realiza en Soria, sino en Valladolid y con recuerdos de Salamanca además.

Azorín nos ha enseñado a los poetas, entre otras cosas, a barajar los tiempos del tiempo y a tratar con cariñosa desenvoltura a los clásicos. Azorín es el autor de esos epílogos como el de *Los pueblos* datado en 1960 en plena juventud, cuando llegar a esa fecha le parecía inverosímil (Y ya está ahí, Azorín, y la va usted a ver, la vamos a ver todos, con la alegría de verle a usted tan sutil y campante). En ese epílogo Azorín bromea por boca de Rafael, Don Pascual y Don Andrés frente a la librería de un despacho acerca de un posible, seguro, cuestionable, documentado por Don Fulgencio, libro de versos de Azorín. "Yo lo he tenido muchas veces en mis manos". "¡Caramba! ¡Si estaré yo seguro de que eran versos, cuando llegué a aprenderme algunos de memoria!" Bueno, dejemos este misterio.

Pero Azorín ha escrito versos, muchos, inspiradísimos versos en segundo grado a través de la pluma de otros poetas. Esto es lo importante. Y la poesía de su obra en prosa. Y de su visión de la vida. Realidad y ensueño. Epílogos anticipados, Azorín dialogando con el Arcipreste de Hita, Góngora en el cine, Azorín paseándose por una hora de España en tiempos de Felipe II como Perico por su casa. Vida. Vida. Poesía. Termino citándome otra vez como discípulo de Azorín. Un poemilla inédito de ahora mismo.

EL CUÉVANO VACÍO (Vega de Carriedo)

¿Tanta prisa en ir a la corte?
Ay Felices, Felices,
cestero tan celoso,
bordador insigne,
¿dónde encontrar mejor que aquí en la Vega
mimbrerales para tus mimbres?
Mira ese cuévano, hombre,
tan tuyo y con aquel para que anide
el Lopillo que esperas.
Pero tú arriba, al puerto, a los trajines
de la corte. Ay mi cestero,
hidalgo carredano, infiel Felices,

nos dejaste sin Lope.
Buena, buena la hiciste.

LA RASPA

No sé si esta palabra, "la raspa", les dirá algo a los jóvenes de hoy. Supongo que no. Pero a viejos y sobre todo a maduros -los jóvenes de hace veinticinco años- sin duda les evoca divertidos recuerdos. Cómo cambian las palabras y su poder de evocación y sugestión. Este caso de la raspa, ilustrado con anécdotas por mí vividas, puede ser un buen ejemplo.

Me sirve además para acercar a dos insignes artistas, ambos amigos míos muy afectuosos, a los que debo muestras inolvidables de amistad pero ahondada en auténtico afecto. Estoy aludiendo al pintor Solana y al escritor Azorín. Con Solana me unía desde 1918 o algo antes, cuando le conocí, de mí para él una admiración sin límites y un constante asombro ante la niñez perpetua de su carácter. De él para mí una estimación como amigo y como poeta montañés: tal título me reserva en las dedicatorias de sus libros. Un día comentando uno de sus cuadros en que aparecía la espina dorsal y las vértebras me las señalaba diciendo por todo comentario: "la raspa ". Ni más ni menos que si de una sardina se tratase. Pero había que oír cómo pronunciaba, de qué modo tan plástico y tan rasposo sentenciaba la palabreja. Ríanse ustedes de Quevedo y de otros Quevedos de menor cuantía que pululan en la literatura actual.

Pero pasan unos pocos años. Y de pronto, no se sabe cómo, por ese arte de magia que hace que tales engendros queden sepultados apenas nacidos y tales otros prosperen y se difundan velocísimamente, una canción, llamémosla así, se impone desde los palacios ducales a las tabernas de los pobres y cocinas de las todavía existentes cocineras. ¿Quién que haya vivido aquellos años en España no hubo de soportar innúmeras audiciones de "La raspa"?

En una de mis visitas a Azorín, al anunciar yo en casa el propósito de irle a ver, una hija mía que terminaba sus estudios de bachillerato y tenía la natural curiosidad por conocer al maestro, me rogó que la dejase acompañarme a la visita. Convine yo, seguro de que a Azorín no había de disgustarle la intromisión conjunta de padre e hija. Fuimos, pues, a su casa con algún libro para que tuviera la bondad de firmarlo, y nos recibió junto a su mesa de camilla. Sobre el tapete brillaba un objeto blanco, pulido, de identificación todavía dudosa en aquel entonces. Azorín sorprendió nuestras miradas inquisitivas, acarició el aparatito, oprimió un botón y empezó a sonar la maléfica musiquilla. Azorín sonriente y más bien divertido que otra cosa exclamó inmediatamente: "La raspa..." Durante unos segundos nos dejó oír la sonora monserga y aclaró. "Me lo acaban de regalar: me lo han traído de Estados Unidos."

Al salir de Zorrilla, 21, le dije a mi hija: "Ya puedes presumir de haber conocido a Azorín y de haberle oído tocar siquiera sea en transistor, 'La raspa'." Y no hay que decir lo cariñoso que Azorín, a quien tanto gustaban los niños y mi primogénita casi lo era, estuvo con ella.

Hablamos también de *La isla sin aurora*. El maestro, pocos años antes, me había dado la gran sorpresa dedicándome no un ejemplar, sino el libro mismo. *La isla sin aurora* es sin duda una de sus mejores novelas y de las más típicamente azorinianas. No se parece, sin embargo, a las otras suyas. En ella campea la fantasía, una leve fantasía poética. Tal vez diríamos mejor imaginación, porque imaginación implica consciencia y plan, y fantasía sugiere vacación absoluta de la razón. La dedicatoria reza: "A Gerardo Diego, poeta del ensueño". Yo no sé hasta qué punto me define. Tal vez retrata más al propio Azorín. En todo caso, el ensueño y la vigilia no están reñidos y soñar y ensoñar con los ojos bien abiertos es rasgo común a un maestro como el autor de *La voluntad* y de *La isla sin aurora* y a un discípulo como el visitante de aquella tarde inolvidable.

5
JUAN RAMÓN JIMÉNEZ

El día 24 de agosto de 1975, cuando en la España de las postrimerías del franquismo se conmemoraba, tímida y casi clandestinamente, el centenario de Antonio Machado, en el diario *Arriba* de Madrid, Gerardo Diego publicó un artículo titulado "Lealtad" donde el poeta, a punto de cumplir sus ochenta años, se extiende sobre quiénes fueron sus maestros y la lealtad que hacia ellos ha mantenido a lo largo del tiempo. En otro texto, recogido en las obras completas, dice que en 1918 se debatía, en sus preferencias, entre Menéndez Pidal, Juan Ramón Jiménez, Andrés Bello y Vicente Huidobro (2000: VI, 420), pero a la altura de 1975, ya no le quedan dudas: Unamuno, Antonio Machado y Juan Ramón Jiménez fueron sus maestros, pero con algunas precisiones que son del máximo interés. Al primero que leyó, desde luego, fue a Juan Ramón, antes que a Machado (2000: VI, 460): "Sin duda durante la década del 20 al 30 pareció mayor la influencia de Juan Ramón sobre mis amigos. Algunos de ellos le trataron entonces con mayor constancia y familiaridad que yo. Frente a él permanecí distante e independiente, lo cual me evitó posteriores disgustos. Mis gustos en poesía española y extranjera eran muy distintos de los de ellos, y sin que muchos lo comprendiesen entonces ni llegasen a justificarme, me interesaban a la vez las épocas y tendencias más diversas, que yo nunca creí opuestas. Y así he seguido siempre, gracias a Dios. Aunque debo más, mucho más, a Lope o Schumann o Debussy (hablo como poeta), debo mucho a Machado y a Juan Ramón, y los sigo admirando hoy sin que sepa preferir a ninguno."

En el momento de estudiar los medios para conocer una época tan brillante de la Literatura Española como lo es la Edad de Plata, y los procedimientos para recuperar su memoria, quiero reivindicar la trascendencia de los textos en prosa de Gerardo Diego para abordar el conocimiento de esta etapa histórica. Y no me estoy refiriendo ahora a los sesudos estudios críticos y ensayos explicativos que el gran poeta santanderino escribiera sobre sus compañeros de viaje, sus coetáneos, los poetas de su generación, sino a aquellos textos, que, aquí y allá, nos devuelven trozos de la memoria de un poeta de la Edad de Plata, fragmentos de vida más que fragmentos de literatura que han quedado insertos en sus escritos.

En los dos volúmenes de prosa que tuve la honra de reunir y prologar, de las *Obras completas* del poeta, con el título de *Memoria de un poeta*, di muy cumplida cuenta de la multitud de textos prosísticos de Gerardo Diego en los que llevaba a cabo una operación de memoria, de recuerdo de su tiempo, y de los poetas de su edad. Posteriormente, al haber sido publicados los tres volúmenes siguientes, los que se titulan *Prosa literaria*, y que reunió José Luis Bernal, la sorpresa se produjo al comprobar que una vez más, en una importante parte de sus escritos prosísticos, no estamos ante estudios erudi- tos o ensayos explicativos de la obra de los escritores. De nuevo, Gerardo Diego escribe sus memorias.

Algún día habrá que reconstruir toda la historia de la generación del 27 basándonos en los textos que los propios poetas escribieron sobre sus ami- gos. Afortunadamente, todos los poetas del 27 fueron excelentes prosistas, y muchos de ellos frecuentaron los escritos memoriales, dejando en ellos tes- timonio de coincidencias y divergencias, de encuentros y desencuentros, de amistades y enemistades, pero sobre todo juicios sobre compañeros, fechas y datos que nos ayudan a comprender mejor este espacio tan valioso de nuestra historia literaria reciente, este tiempo en el que la poesía española alcanzó no ya una edad de plata sino un nuevo período áureo. La prosa de Gerardo Diego, en este aspecto, entre otros muchos valores, posee un ex- cepcional valor documental. Al mismo tiempo, nos referiremos, dado el enfo- que del presente capítulo a numerosas cartas cruzadas entre los protagonis- tas de este tiempo literario.

Y para demostrar la verdad de este aserto, voy en esta ocasión a recons- truir, a través de los testimonios de Gerardo Diego, un importante sector de la memoria de esta generación, basándome en los textos que ahora se han publicado, y que son en muchos casos muestra viva de la memoria del poe- ta. Pero en esta ocasión no me voy a referir a los poetas de su generación, y a los recuerdos que de ellos permanecen vivos en la mente del poeta, y, naturalmente, una vez que este ha desaparecido, permanecen vivos en las páginas de su *Prosa literaria*. Prefiero, en esta oportunidad, reconstruir en la memoria de Gerardo Diego la apasionante figura, siempre difícil y controver- tida, de Juan Ramón Jiménez. Quizá, a través de la relación entre Juan Ra- món y Gerardo Diego, que fue siempre relativamente buena, en la medida que podía serlo cualquier relación con Juan Ramón Jiménez, podemos com- prender mejor lo que nuestro gran poeta y Premio Nobel supuso para los poetas de la generación de Gerardo Diego, y que algunos de ellos, por razo- nes que son de sobra conocidas, jamás reconocieron o negaron posterior- mente.

Hay que partir de la base de la alta consideración que como poeta tuvo siempre Juan Ramón para Gerardo Diego, al que no duda en llamar en una ocasión "patriarca" (2000: VIII, 1095), y figura clave en el segundo Siglo de Oro de la literatura española, que para Gerardo es la época que estamos viviendo. Hay que devolver a Gerardo Diego lo que es suyo en este último aspecto. Gerardo Diego, si las fechas no fallan, es el autor de la denominación "segundo siglo de oro", para esta época, y es el primero que la utiliza, considerando a Juan Ramón centro de ese momento para la poesía española. Este tipo de consideración aparece por primera vez en el radiotexto inaugural de *Panorama Poético Español*, perteneciente a 1947 (número 1) (2000: VIII, 665-666): "Quizá no se haya dado nunca, como en los últimos ocho años de la vida espiritual española, nunca al menos desde el siglo XVII, tal floración delicada e impaciente de poesía lírica. Y al afirmar esto, aun con el matiz moderador de un "quizá", no olvido que nuestro siglo es, desde aquel, el nuevo siglo de oro de la poesía de alta ambición y esplendoroso logro. El siglo o medio siglo de oro que tras la enseña de Rubén –ya lo dijo él, "mas es mía el alba de oro", y ese alba resultó no sólo suya sino de todas las Españas de su idioma– vio desfilar a Unamuno, Antonio Machado y Juan Ramón Jiménez, a quien nos complacemos en enviar un nostálgico saludo…" Así también en un artículo publicado en *Mundo Hispánico*, en 1949, dice lo siguiente: "Desde hace medio siglo la Poesía española está viviendo una nueva edad de oro, sólo comparable en la Historia a la de los siglos XVI y XVII, y en nuestros días, a la Poesía, también española de lengua e igualmente esplendorosa, del continente americano" (2000: VIII, 1091).

En ese momento estelar, Gerardo considera siempre maestros indiscutibles a Antonio Machado, Miguel de Unamuno y Juan Ramón Jiménez. Por cierto, Antonio Machado, según nos cuenta Gerardo, llamaba a nuestro Premio Nobel no sabemos si cariñosa o irónicamente, "Juanito Ramón" (2000: VIII, 1074). Y tal consideración de maestros, ya la expone en un conocido trabajo de 1929 (2000: VI, 198), en el que señala que hay "tres o cuatro nombres que pueden aspirar al rango de magistrales": "Y ¿cuáles son esos poetas que nos interesan? Vivos actualmente, en España, yo no recuerdo más que tres nombres, o cuatro a lo sumo, que puedan aspirar al rango de magistrales. Y son maestros precisamente porque están vivos, porque su obra, como dice el más joven de ellos, está "en marcha", porque acaso ya no puedan reservarnos sorpresas de orientación, de hallazgo de nuevas vetas en sus respectivas minas (quizá sí, sin embargo), conservan en pleno vigor su capacidad creadora, de la que nos han dado recentísimas y conmovedoras muestras. He aludido a Unamuno, Antonio Machado y Juan Ramón Jiménez. Intermitentemente y con menos intensidad revive la musa de Manuel Machado."

Y hallaremos en las páginas de Gerardo Diego algunos asuntos muy reveladores de lo difícil de las relaciones entre los escritores de su tiempo. Sabemos la fecha exacta en que Gerardo Diego fue por primera vez a casa de Juan Ramón Jiménez y quién le acompañó. Fue nada menos que León Felipe, a quien Gerardo conocía de Santander, por ser el farmacéutico amigo de sus hermanos mayores de la época en que este residió en la capital de Cantabria. La fecha, 1920, cuando Gerardo manifestaba sin rubor su admiración hacia Vicente Huidobro, a quien, por cierto, dedicó espléndidos artículos, hoy felizmente publicados en las *Obras completas*. Pues bien, tal admiración hacia Huidobro era incomprensible para Juan Ramón Jiménez (2000: VIII, 192): "Juan Ramón Jiménez, por ejemplo, en 1920 –fecha de mi primera visita a su casa, acompañado de León Felipe y requerido para ella por el propio Juan Ramón, que deseaba conocerme– le negaba [a Vicente Huidobro] durante horas y horas de conversación y pretendía disuadirme de seguir a un poeta a quien juzgaba con desprecio absoluto."

Y ahora viene la sorpresa, una de las muchas, que vamos a encontrar en este capítulo (2000: VIII, 192-193): "¿Quién me iba a decir a mí en aquella tarde memorable, pasada junto a un amigo de mi niñez y un maestro a quien antes, entonces y siempre admiré y de quien tanto aprendí, que el intransigente poeta de *Eternidades* me iba a acusar en 1934 de no incluir en mi antología, dispuesta con el consejo y conformidad suya, a Vicente Huidobro, como si en una antología de poetas españoles no estuviese siempre justificada su ausencia? Cierto que aquella antología la encabezaba Rubén Darío, pero Darío vivió siempre mucho más enraizado en España."

Juan Ramón Jiménez, en efecto, escribió en el *Heraldo de Madrid* el 29 de marzo de 1934, en su carta a Miguel Pérez Ferrero, *Poesía en soledad*, lo siguiente, confirmando lo que ya había indicado en una entrevista telefónica con este periodista, al que había deslizado frases como "no concedo en este caso la menor autoridad a Gerardo Diego para hacer una antología": "Vicente Huidobro aunque americano también y cuya literatura no me interesa, tampoco podía faltar donde estaban representados ¡y con qué longitud! el propio colector y su amigo Juan Larrea, recalcitrantes huidobristas." Y esta otra de más calibre: "Un poeta del grupo, G. D. por ejemplo, no puede tener autoridad ni independencia para elejir una Antolojía jeneral como era la suya, a pesar del prólogo."

Las antes citadas reflexiones de Gerardo, recogidas del artículo titulado "Poesía y creacionismo de Vicente Huidobro", publicado en *Cuadernos Hispanoamericanos*, en 1968, figuraron veinte años antes, como es muy habitual en el poeta, en un texto de *Panorama Poético Español*, titulado "Visitas y polémicas" (sin fecha, pero de 1948. Número Archivo Gerardo Diego 2322.), difundido por Radio Nacional de España para Hispanoamérica, que Juan Ramón conoció, ya que luego se quejó amargamente en una carta de su contenido. ¿Quién comunicó a Juan Ramón el tenor de este radiotexto? ¿Lo oyó el mismo por la radio? He aquí parte del texto de la carta a que me refiero, fechada por Juan Ramón el 16 de junio de 1948. Seguimos para todas las cartas, Juan Ramón Jiménez, 1992, *Cartas. Antología*, aunque corregimos la firma de las dos últimas, de acuerdo con los originales que figuran el en Archivo de Gerardo Diego (1992: 280):

Mi querido Ginés de Albareda:

Por alguna referencia periodística he creído que usted ha pensado mal de mí. Cuando le dije a nuestro amigo Juan Guerrero que era mejor no publicar impresas las páginas leídas en Radio Nacional de España por mi navidad, le espliqué con toda honradez los motivos que yo tenía: el primero que fui siempre opuesto a los homenajes. Los evito cuando está en mi mano hacerlo. Para mí no hubiera sido necesario que otros hubieran oído esa emisión; con oírla yo y los más míos, mi satisfacción habría sido la misma. Y luego el otro motivo: Gerardo Diego leyó por aquellos días y en la misma Radio una nota sobre Vicente Huidobro, a su muerte inesperada, con una alusión injusta en lo histórico, muy entristecedora para mí en lo amistoso. Yo que agradecí de ustedes tan de veras aquel hermoso recuerdo con tantas cosas dentro, necesito hacerle a usted esta aclaración, mi querido amigo. Yo pensaba que Guerrero le habría esplicado todo.

Volviendo a 1920, hay que señalar que en ese mismo año Gerardo dedicará a Juan Ramón un temprano poema, titulado "Madrigal". Seguimos la ordenación tipográfica de *Reflector*. (1996: I, 144) (que luego recogería en *Imagen*), y que aparecerá en diciembre de aquel año en el número único de la revista de José de Ciria y Escalante, *Reflector*, con este bello texto:

Estabas en el agua
estabas que yo te vi

Todas las ciudades
lloraban por ti

Las ciudades desnudas
balando como bestias en manada

A tu paso
las palabras eran gestos
como estos que ahora te ofrezco

Creían poseerte
porque sabían teclear tu abanico

Pero
No

Tú
no estabas allí

Estabas en el agua
que yo te vi

Conocemos la opinión que mereció este poema a Juan Ramón Jiménez, ya que el poeta de Moguer escribió, agradecido, a Gerardo Diego una expresiva y detenida carta, en la que comentaba detalladamente algunos aspectos del poema, y teorizaba sobre asuntos tratados en la reciente entrevista (1992: 95-97):

Madrid, 14 de noviembre de 1920

Señor don Gerardo Diego.
Soria.

Mi querido amigo:

Como le dije hace unos días, recibí su librito y su carta, con la poesía que ha tenido usted la amabilidad de dedicarme.

Me alegra mucho tener esta ocasión, que usted mismo me da –yo no sabía su dirección exacta– de escribirle; porque, después de la tarde que estuvo usted a verme, he pensado con pena, muchas veces, que usted se llevó, quizás, una impresión falsa de mi respecto por las ideas ajenas.

A mi me escitaba que un grupo de "jóvenes verdaderos" tan llenos de pasión y entusiasmo por un arte, puro en su dirección, tuvieran –"quisieran tener"– como ejemplo majistral a un prendero de vida y artificios –imitados aquí allá, y bullangueros en todas las ocasiones–. Nada más afeador ni más dañino para la libre juventud, que esos fardos –¡no sólo uno!–, cuerpos muertos que han ido cayendo, ¡mal lastre!, de jeneración en jeneración. Bien claro le dije a usted que yo estimaba las cosas de usted y de algún otro del grupo de ustedes, sobre las del consabido "...ista".

Por lo que me dice el joven Guillermo de Torre, esto lo van ustedes comprendiendo y yo me alegro en el alma.

Para gusto propio quiero concretar aquí mis ideas de aquel día –y de siempre– sobre los puntos que hablamos:

1. Creo en todo arte, sea el que sea y como sea, con tal de que tenga "calidad", esa "carne espiritual" tan difícil y tan rara.

2. Que la juventud debe, *tiene la obligación ineludible* de ser revolucionaria, anárquica, si es preciso; ambiciosa, y sobre todo, libérrima.

3. Entiendo que sólo al final de una vida, y como resumen de lo hecho, puede, el que lo estime "necesario", publicar un manifiesto –un "testamento", como Goethe–, aunque nunca con la idea de discípulo

4. En cuanto al punto concreto de los actuales "movimientos" juveniles del mundo estético, me parece que, en conjunto, están viviendo hasta ahora de los lugares comunes del simbolismo, puestos por él al alcance de todos los sensitivos. En los "antes" del simbolismo, cualquier imajen de un poeta actual, mejor o peor, hubiera parecido sorprendente –lo tan sabido de Óscar Wilde, sobre las puestas de sol de Turner–. El simbolismo creó con su belleza espiritual difícil, un vocabulario de "belleza fácil", que puede manejar de mil maneras, cualquier muchacho listo de cualquier país. No creo que añada el menor valor, ninguno de esos "movimientos", a lo realizado en ese sentido por aquel gran grupo primero: Corbiere, Laforgue, Rimbaud, Mallarmé, Verlaine – Rimbaud sobre todo, en el que también está el cubismo y sin pensar ¡líbreme Dios!, que la poesía *debe ser* esto ni lo otro, en tal o cual momento –porque yo siempre espero que la aurora de cada día sea la más bella–, me parece que la reacción "fatal", natural, lójica que ha de venir, que viene, tras la decadencia del simbolismo –a mi juicio, el centro del arte moderno más alto todavía–, es una poesía idealista más interior, más sintética, espresada con todas las conquistas de sensación y técnica que el simbolismo nos ha legado; *de ningún modo, un arte de injenio, sótano de los intelectual.*

Ahora bien, aunque yo crea esto, me parece magnífico que los nuevos –ustedes aquí, en este caso– hagan lo que hacen, y lo otro y lo de más allá, todo cuanto signifique "contra" y "verde", único valor juvenil, mientras cada uno –el que pueda– va encontrando *por sí solo*, aun dentro de su grupo natural, *su propio clasicismo*.

En cuanto a su libro y su *Madrigal*, le digo francamente que prefiero éste a aquel, porque tiene algo más abstracto, sintético y *puro; y, sobre todo, porque es la espresión sincera de lo que ahora apasiona a usted.* Pureza, esto es lo único; valor de la pureza, retraimiento; hasta cierto punto solo, y eso porque no haya posibilidad mejor; tranquilidades; poca ambición de gloria eterna y una ambición desmedida de la gloria profunda, la que dijo Barbey D'Aurevilly.

Le ruego que no tome esta carta como consejista –en todo caso es consejo a mí mismo–. Yo no creo en el consejo de nadie a nadie, *en ningún momento*. Sólo la esperiencia propia.

Gracias, otra vez, de su buen amigo

Juan Ramón Jiménez

A ésta carta, de la que Juan Ramón se debió de sentir muy orgulloso, aludirá, viva en su recuerdo sin duda, muchos años más tarde, el propio Juan Ramón, ya el 3 de marzo de 1931, día en que le dice a Juan Guerrero (1998-2000: I, 166): "Cuando vea usted a Gerardo Diego –me dice– pídale que le enseñe una carta que yo le escribí en 1919, emplazándole para cinco años después. Ahora ya es tiempo para contestar a lo que yo le decía entonces y vea usted que cuando Gerardo hace ahora lo que hace, es porque ya no está conforme con lo que antes hacía."

En 1974, Gerardo Diego recordaría, ya de forma muy distendida, tanto la entrevista como la carta (1997: IV, 418): "Otro día, y esto fue anterior a lo del *Romancero*, me llamó Felipe para proponerme ir con él a casa de Juan Ramón, a quien yo no conocía. Y es el propio poeta de *Eternidades* el que tiene deseos de hablar conmigo. *León Felipe* le había vuelto a visitar para entregarle su libro y recibió del poeta una acogida más favorable que la de la primera visita de inédito espontáneo. Cuatro horas de conversación, más bien soliloquio del tan excelso como implacable poeta, que intenta convencerme de lo errado de mi rumbo y de la necedad o poco menos de la poesía de Vicente Huidobro. Es muy curioso que al cabo de los años Juan Ramón, tan olvidadizo, me censure públicamente, porque en mi antología no incluí a Vicente Huidobro- ¿Cómo le iba a incluir si no era un poeta español?- Estaba yo sentado frente al poeta que se recortaba a contraluz sobre los vidrios y visillos del balcón. Su silueta negra, con ojos y barba negra y negros, me herían y me impedían coordinar mis ideas. Por otra parte él era un maravilloso conversador, de palabra precisa y agudísima, y yo, un convaleciente de oposiciones, vaciado completamente por el esfuerzo del estudio de temas. Era, en suma, ese tonto provisional, ese guiñapo que es el que sale, vencido o triunfador, del túnel de la oposición.- Así es que yo, como puedo, sostengo la conversación y *León Felipe* apenas interviene. Al salir de Conde de Aranda comentamos sonrientes la entrevista. Dos meses después, ya en Soria, recibo inesperada carta de Juan Ramón en su aljamiado caligráfico. Enorme sorpresa y muy agradecida por mí, porque la carta era extensa y cordial. Ella trataba de puntualizar su teoría sobre la auténtica poesía nueva, la simbolista. Naturalmente, yo le envié uno de mis romanceros y, naturalmente, él no me contestó. No le podía gustar mi poesía, a pesar de que uno de sus precedentes era justamente la poesía juanramoniana, la de su adolescencia romántica."

Juan Ramón Jiménez, excepcionalmente sin duda, también participará en la revista de Ciria con tres poemas inéditos y una carta al director. Y así lo destacó Gerardo Diego en un recuerdo de Ciria, cuando evocaba ese primer ejemplar de la revista: "honrado con la colaboración excepcional de Juan Ramón Jiménez, ese número es de una calidad selectiva rara vez alcanzada en las revistas juveniles y no juveniles" (2000: VIII, 317).

Conocemos algunos datos interesantes sobre esta revista, hoy totalmente olvidada y merecedora una edición facsimilar, y sobre la participación de ambos poetas en sus páginas. Juan Ramón Jiménez hizo, sin duda, una excepción al colaborar en la revista del joven poeta cántabro. Y así se lo hace constar en una carta muy interesante, sobre todo por la parrafada de Juan Ramón en torno a los jóvenes (1992: 87):

Señor don José de Ciria y Escalante
Director de *Reflector*

Amigo mío:

Gracias por su amable invitación. Le mando, para ese primer número de *Reflector*, tres poesías inéditas; y se las mando con verdadero gusto.

Entre jóvenes llenos de entusiasmo, como ustedes, por una dirección estética pura –sea ésta la que sea–, me encuentro mucho mejor que entre compañeros de jeneración secos, pesados, turbios y alicaídos.

¡Calidad artística, gloria interior, fe en el presente y en el futuro –las "dos únicas" piernas de la aurora!

Suyo,

Juan Ramón Jiménez.
Madrid, 22 de noviembre de 1920.

Y he aquí los tres poemas inéditos. El primero titulado, tras el poema, "(Mar ideal)":

No se ve el agua;
pero en su presencia oscura,
se baña
la desnudez eterna,
para la que el hombre es ciego.

Y este no verla que yo siento, fijo,
en la noche que ya va verdeando
–¿noche interior, noche del mundo?–,
es más que verla, es no saber
si se baña en el mundo o en mi alma
la desnudez eterna, la mujer
sola,
para la que el hombre es ciego.

El segundo (2), se titula, al final de la composición, "(Hijo de la alegría)":

Parecías,
apasionada ya, y aún iracunda,
una puesta del sol, tras la tormenta.

El fulgor rojo de tus ojos chorreantes
iluminaba, aquí y allá, tu sombra trájica,
en coronación última;
–¿oh, qué nostaljia inmensa de un crepúsculo –¡éste! –
que había de venir!–

¿Dónde vi yo un paisaje de ciudad
–barrios abiertos al ocaso
del mar, con las fachadas de cristales recorridas
de roja luz sangrante–
así, terriblemente, gloriosamente único,
que parecía una mujer?

... Que parecía una mujer desconocida;
–¡oh, qué nostaljia inmensa de una mujer –¡tú!–
que había de venir!–

Y el 3, con el título pospuesto de "(Fuego y sentimiento)":

Cada hora mía me parece
el agujero que una estrella
atraída a mi nada con mi afán,
quema mi alma.

¡Y ay, cendal de mi vida,
agujereado como un paño pobre,
con una estrella viva viéndose
por cada trájico agujero oscuro!

De los numerosos recuerdos de memoria que suministra Gerardo Diego sobre Juan Ramón Jiménez a través de multitud de textos, podemos sacar algunas conclusiones y encontrar algunos datos curiosos. Por ejemplo, sabemos que "Juan Ramón se negó" (2000: VIII, 1232), tal como indica Gerardo Diego literalmente, a participar en *Carmen*. La negativa la conocemos a través de una carta de Juan Ramón publicada hace ya algunos años, y que dice así (1992: 98):

Sr. D. Gerardo Diego

Mi querido amigo:

Gracias por su invitación para colaborar en *Carmen*. Lo haría, con mucho gusto, si no me hubiese hecho el propósito firme de no colaborar, desde hoy, más que en mi propio *Diario poético*. Pero cuente conmigo como suscritor constante y como lector deseoso.

Su amigo,

J. R. J.

Y justamente las relaciones no buenas de Juan Ramón con *Carmen*, se dejaron sentir en *Lola*, sobre todo a través de dos episodios ya famosos: la participación de Juan Ramón Jiménez en la "Tontología" (2000: VIII, 1243) y el poema acróstico "Biba Juan Ramón Jiménez". También todo lo referido a K. Q. X.

Respecto a la reacción de K. Q. X, *Lola* nos facilita información preciosísima, sobre todo la carta a Rafael Alberti, en la que se niega a participar en el homenaje a Góngora (2000: VIII, 972), que fue glosada y comentada por Gerardo Diego (2000: VIII, 981-982 y 989).

En efecto, tal como cuenta el número 2 de *Lola*, en la "Crónica del centenario de Góngora", "Juan Ramón Jiménez contestó a nuestro requerimiento con una esquela que no se recibió postalmente, y que ha hecho pública ahora en el número 1 de su "Diario poético (Obra en marcha)"". El texto merece ser recordado:

Madrid, 17 de febrero de 1927
Sr. D. Rafael Alberti
Madrid

Mi querido Alberti:

Bergamín me habló ayer de lo de Góngora. El carácter y la extensión que Gerardo Digo pretende dar a este asunto en la REVISTA DE DESORIENTE, me quitan las ganas de entrar en él. Góngora pide director más apretado y severo, sin claudicaciones ni gratuitas ideas fijas provincianas –que creen ser aún ¡las pobres! gallardías universales–. Usted –y Bergamín– me entienden, sin duda.

Suyo siempre
K. Q. X.

Los comentarios que a continuación prodiga Gerardo Diego a la tal esquela son merecidamente irónicos ("las acusaciones que en esa esquela se leen no parece lo más congruente con esa bromita de firmar en cifra") y el gran poeta de Moguer se gana así el ser llamado Kuan Qamón Ximénez y el aviso de que su *Diario poético* será quemado en holocausto, mientras que el propio Gerardo dirige otra esquelita breve al Secretario de la comisión, Rafael Alberti condenando muy duramente la superficialidad de Juan Ramón, que, al acusarlo a él, está acusando a todos los que han preparado el centenario. Merece ser una vez más reproducido el párrafo final, conciliador sin duda, objetivo y sincero, de este Gerardo Diego que, a pesar de haber sido insultado y menospreciado, no remite en su admiración hacia Juan Ramón Jiménez: "Y nada más, porque la opinión de *K. Q. X.* sobre mis ideas poéticas y mis claudicaciones –supongo que estéticas o literarias, porque morales, gracias a Dios, no me acusa mi conciencia de ninguna– la respeto, como respetará él la mía sobre las suyas, que por ahora es francamente admirativa y cordial."

Respecto a las iniciales *K. Q. X.*, Juan Ramón recordará algunos años después a Juan Guerrero que Gerardo estaba equivocado cuando creyó que eran un seudónimo, y no era así por que *K. Q. X.* correspondían a ciertos poemas que figuran en un libro así titulado, "que es un libro donde figuran muy buenos poemas". (1998-2000: I, 202).

Otra broma pesada de aquellos tiempos, y que debió de gustar muy poco a Juan Ramón Jiménez, también se produce en *Lola*, en el número 6-7, cuando Gerardo Diego incluye su originalísima *Tontología*, realizada también, según asegura, colectivamente y en la que recoge "algunos de los muchos resbalones de los poetas capaces de escribir versos buenos", resbalones entre los que incluye poemas del propio Diego, en concreto "El epitalamio de los faroles". De Juan Ramón recoge nada menos que cuatro poemas, de uno de ellos, incluso dos versiones.

Y, por último, esta vez en *Carmen*, el poema "Cifra", también con una alusión muy directa a Juan Ramón Jiménez que se burlaba de los poetas acrósticos. Dedicado a Dámaso Alonso, es un poema serio, que apareció en *Carmen*, e intenta captar el carácter abstracto de la poesía de Dámaso, que en ese momento elogiaba nuestro poeta. Pero las letras iniciales de cada verso, impresas de forma destacada en la revista, dejaban leer un "Biba Juan Ramón Jiménez", que, como refería Diego muchos años después, en 1958, en una revista *Ínsula*, dedicada a Dámaso, estaba escrito el "Biba" con dos bes, como en las tapias (2000: VIII, 435).

Todo esto explica que, a lo largo de la lectura del interesante libro de Juan Guerrero Ruiz, *Juan Ramón de viva voz*, los comentarios del poeta de Moguer sobre Gerardo Diego y sus compañeros "de grupo" sean cada vez peores. Especialmente cuando en el camino de todos se cruza la polémica y a la postre canónica *Antología* de Diego, que, publicada por primera vez en 1932, contaría con Juan Ramón Jiménez en sus páginas, mientras que para la segunda se excusó públicamente, como es ya sabido por haberse dedicado a esta *Antología* numerosos estudios. Lo que ahora nos interesa es la opinión de Juan Ramón Jiménez sobre Gerardo, quien, una y otra vez, aseguró que la *Antología* fue una obra de selección colectiva, más o menos consensuada, en cuya conformidad también participaron los tres poetas mayores: "y previa aquiescencia u otorgamiento tácito, desde Unamuno a Juan Ramón Jiménez" (2000: VIII, 236).

Las primeras referencias de *Juan Ramón de viva voz*, pertenecientes a 1930, y coincidentes con los preparativos iniciales de la *Antología*, revelan los recelos absolutos de Juan Ramón hacia el grupo que la está gestando. Así califica a Gerardo Diego, junto a Altolaguirre y García Lorca, de "irresponsable" (1998-2000: I, 73), por lo que se niega a participar en la *Antología*, entre otras cosas porque se excluye a algunos poetas, como Basterra, "que vale más que Diego" (1998-2000: I, 83). Debido a los buenos oficios de Juan Guerrero Ruiz, va convenciéndose de que no puede faltar y empieza a exigir cosas: por ejemplo, hacer él la selección de sus poemas; por ejemplo, revisar él mismo sus poemas y las pruebas de los mismos (1998-2000: I, 85 y 86). Otro de los asuntos que aparecen en estas fechas es la realización por Juan Ramón del retrato de Gerardo Diego, que va mencionando constantemente, y que asegura tener ya redactado para publicar el 15 de enero de 1932 (1998-2000: I, 88). A éste retrato, que quizá no llegó a escribir, ya que no se conserva –y que si escribió, lo debió de destruir– se alude en numerosas ocasiones, a lo largo de estos años, cargando al final las tintas, debido al rencor suscitado por los más jóvenes, como hemos de ver. No figura, lógicamente, en Juan Ramón Jiménez, 1987, *Españoles de tres mundos*.

El 1º de enero de 1932, Juan Ramón cambia el tono de sus menciones de Gerardo Diego, al recordar la publicación de 1923 de una reseña hecha por Gerardo de su *Segunda Antología poética* (1998-2000: I, 107), anotando Guerrero que a Juan Ramón "le gusta lo que dice". Es muy curiosa, e incluso, divertida, la reacción de Juan Ramón cuando Gerardo Diego, en los primeros meses de 1932, comienza a mandarle trabajo: que si revisar la selección, que si corregir pruebas, que si redactar la nota biobliográfica: Juan Ramón se agobia, Y así, anota Juan Guerrero el 29 de enero de 1932 (1998-2000: I, 129): "Le llamo por teléfono para preguntarle por Zenobia, que se encuentra mejor. Le digo que he recibido también carta de Gerardo Diego sobre su colaboración en la Antología, animándole a que atienda su ruego. Responde que desde luego, pero que son muchas las cosas que le pide Diego: la selección, notas biográficas, notas bibliográficas, el concepto sobre la poesía en general y sobre la de uno en particular, un retrato… Para todo esto necesita un mes a lo menos, pues ha de hacer otras cosas también. En cualquier país, eso lo hace el que publica la Antología, pues si cada autor le diera todo eso hecho a Diego resultaría que éste cobraba una cantidad por el trabajo de los demás, en tanto que los autores habían gastado su tiempo; cree que está mal plantear así el trabajo y es posible que le dé la selección y la nota sobre la poesía, para que lo demás lo haga él."

El caso es que la nota con los datos biográficos quien acaba redactándola es el propio Juan Guerrero (1998-2000: I, 152), mientras se acrecientan los tonos desagradables respecto a Gerardo. Así, en 3 de marzo de 1932, aparece el comentario sobre la famosa carta de 1919 (1998-2000: I, 166), que como sabemos es de 1920, mientras sigue anunciando con un tono poco amistoso, que ya tiene terminado el retrato de Gerardo como el de otros compañeros de su grupo. El 8 de abril de 1931 Gerardo, sin duda para calmar las cosas, y aprovechando las vacaciones de Semana Santa visita en su casa a Juan Ramón Jiménez acompañado de Juan Guerrero, y parece ser que, en efecto, llevaron a cabo los tres una auténtica reunión de trabajo, tras la que tanto Juan Ramón como Gerardo Diego, quedaron muy de acuerdo y tranquilos. Leyeron las notas que uno y otro habían escrito, y Juan Ramón dio la conformidad a todo: "Gerardo ha salido bastante complacido de la actitud de Juan Ramón" (1998-2000: I, 206). Pero al día siguiente, escribe Juan Guerrero (1998-2000: I, 207): "Le digo que ya tengo a máquina la nota que tomé anoche de las poesías elegidas para la Antología de Gerardo, y que éste quedó satisfecho de su entrevista. Juan Ramón me pregunta si es que temía que le recibiese de un modo desagradable, a lo cual le digo yo que esto no, pero que como se ha hecho una falsa atmósfera en el sentido de que él está contra todos los poetas de este grupo, él se acogió a mi amistad prefiriendo ir conmigo a visitarle sólo. Juan Ramón dice que en todas esas cuestiones enojosas, cuando no existe una mala fe decidida él las olvida, y al desear Diego verle para un asunto literario, que además representa una atención para él, no podía hacer otra cosas más que recibirle amablemente.- "Lo mismo que si Bergamín un día necesitase verme para un asunto literario, le recibiría aun cuando no volviese a verle en un año".

El 30 de agosto de 1931, Juan Ramón asegura que tiene ya escrito el retrato de Gerardo Diego para publicarlo en *El Sol*, y más adelante, el 14 de marzo de 1933 alude a unos *Cuadernos* que piensa publicar con los retratos de Salinas, Guillén y Diego, para los que ya tiene pensado dos títulos: *Trío de cuerda y plata* o *Físicos y Químicos*.

En 1933, asistimos a algunos comentarios interesantes: ya se ha publicado la *Antología* de 1932, ya han surgido las reacciones, que conocemos gracias al trabajo de Gabriele Morelli (1998-2000: II, 24). Guerrero y Juan Ramón planean hacer unas separatas con los poemas publicados en la *Antología*, y el día 13 de marzo de 1933, ante la lectura de un artículo en *El Sol* de Juan José Domenchina, sobre los poetas de 1913 a 1931, Juan Ramón manifiesta su disconformidad con las opiniones que el autor expresa sobre García Lorca, pero está de acuerdo con las que a Gerardo se refieren. Escribe Juan Guerrero (1998-2000: II, 78): "En cambio es justo Domenchina respecto a Gerardo Diego, que realmente es un poeta que no encuentra su camino. Algunos de los sonetos que ha publicado últimamente eran muy buenos; lo que no comprende es por qué le quieren tan poco sus compañeros."

Y, a partir de este momento las relaciones empeoran sensiblemente, y no sólo contra Gerardo, sino contra todo lo que pueda proceder de ese grupo, de manera que puede saltar la disconformidad hasta por los más mínimos asuntos. Un ejemplo: el 1 de septiembre de 1933, Juan Ramón propone a Juan Palazón, el editor de *Signo*, que planea llevar a cabo una nueva antología "grande" de poesía española, que incluya a Pedro Salinas, Jorge Guillén, Dámaso Alonso y Gerardo Diego (1998-2000: II, 103); y el día 13 Palazón le informa "de las exageradas pretensiones económicas de los catedráticos – Salinas, Guillén, Dámaso, Diego– que se han encargado de formarla. Palazón se muestra descontento con ellos." (1998-2000: II, 123-124). Ya en 1934, Juan Ramón se queja de lo que están haciendo los "del grupo" con sus poemas jóvenes, y vuelve Gerardo Diego a recibir un comentario un tanto adverso. Estamos a 21 de febrero del año de la segunda *Antología*, 1934: "Le digo a Juan Ramón que he acompañado a Salinas al Centro donde éste me ha enseñado un retrato de Juan R. Jiménez a los 17 años, publicado en la revista *Vida Nueva* en 1899. Pregunta extrañado Juan Ramón que cómo estaba allí esa publicación y le digo que como Salinas está escribiendo una historia de la literatura contemporánea, está revisando todas las revistas de fin de siglo y de comienzos del actual sacando las papeletas de lo publicado por todos los autores principales de hoy: "Juan Ramón se muestra contrariado y dice: "No, eso está llevado allí desde la Hemeroteca o la Biblioteca Nacional para enseñar Salinas a sus amigos las poesías espantosas, escritas por mí a los 16 o 17 años, y que fueron publicadas a los 18 en *Vida Nueva* y otras revistas. Eso no es más que un aspecto de la campaña que Salinas, Guillén y sus amigos han emprendido para echarme abajo; ya verá usted cómo en futuros artículos de Bergamín –o de otros– se mencionan esas poesías que están buscando ahora. Luego, no le pondrán la fecha, como ya hizo Gerardo Diego en otra ocasión, que publicó *Tropical* escrita en mi adolescencia bajo influencia de Rueda, y la dio sin fecha..."

Naturalmente, "Tropical", perteneciente a *Ninfeas*, es uno de los poemas que formaron parte de la *Tontología*. No llevaba, en efecto, fecha, pero sí esta nota, que parece peor que la carencia de fecha: "Esta preciosa *habanera* está en la página 69 de *Ninfeas* (MCM) el segundo libro de K. Q. X., con un retrato imberbe y malva. Cosas de los pocos años. He aquí el estado actual de la misma poesía, según la depuración de 1928)."

Por estas fechas Juan Ramón decide no participar en la segunda edición de la *Antología*, y los comentarios son de todos los gustos, como por ejemplo negarse a "colaborar en ningún sitio donde figure esa pandilla a que pertenece Gerardo" (1998-2000: II, 180), o llamar a Diego y Larrea "recalcitrantes huidobristas" (1998-2000: II, 198), o, para coronar el cúmulo de despropósitos, esta última manifestación, ya de 28 de abril de 1934: "De otros poetas como Gerardo Diego, por ejemplo, no hay ni que hablar, pues es solamente un aficionado, que un día hace versos huidobristas, otro un libro para un concurso, después un vía crucis absurdo."

Gerardo Diego, sin embargo, siempre trató a Juan Ramón Jiménez de la forma más exquisita. Soportó con paciencia ejemplar las exigencias que el poeta impuso a la hora de realizar la primera edición de la *Antología*, siguió al pie de la letra todos sus consejos, transmitidos directamente o a través de Juan Guerrero, y, cuando llegó la hora de la separación, y la decisión irrevocable del poeta de Moguer de no participar en la edición de la *Antología* de 1934, lo cual debió de ser un enorme disgustazo para Gerardo, escribió una nota que revela la dignidad con que soportó la deserción, que, en ningún momento, mermó su admiración hacia él: "Ya en prensa esta edición, Juan Ramón Jiménez nos comunica su decisión irrevocable de no autorizar, de ahora en adelante, su inclusión en ninguna antología. Respetando esta voluntad del poeta y no pudiendo razonablemente suprimir su nombre en una antología contemporánea como la presente, nos limitamos a indicar las poesías suyas que figuraron en la primera edición de este libro, y a las indispensables referencias biográfica, poética y bibliográfica *(Nota del editor)*."

Sabemos, por testimonio de Gerardo Diego que la última vez que se vieron fue en 1935, en un encuentro causal en un teatro. Así lo contaba Gerardo en 1981, en su último estudio, magistral, sobre el poeta de Moguer: "Mi último recuerdo de Juan Ramón data de muchos años atrás, de 1935, en un intermedio de concierto en el Teatro de la Comedia de Madrid, hablándome de los poetas jóvenes de la hora."

Y el siguiente contacto, se produjo, a través de una carta de Juan Ramón Jiménez, ya de 1941, en contestación al envío, por Gerardo Diego, de *Ángeles de Compostela*, el primer libro publicado por nuestro poeta tras la guerra civil. Juan Ramón comienza a arrepentirse de cosas (1992: 98):

Coral Gables, 17 de enero de 1941

Mi querido Gerardo Diego:

Siempre he dicho a nuestros amigos o conocidos que usted, así lo creo, "reacciona" honrada y dignamente en los casos desagradables. Para mí el valor de una persona siempre ha estado en su reacción más que en su acción. Todos, según nuestro carácter y nuestras circunstancias, y las ajenas, podemos cometer lo pero; no todos podemos volver sobre lo cometido, mejorarlo y mejorarnos.

Su libro, su poema *Ánjeles de Compostela*, recibido ayer, me ha traído una hermosa alegría. En la ausencia y en la naturaleza de la ausencia, qué ansia tiene uno de borrar lo pequeño y salvar lo grande. Sobre todo cuando va uno acercándose a las acciones últimas y quiere dejar una conciencia tranquila fuera y dentro de la tierra.

Olvidado de lo menor y lo peor, y hablo de lo mío, anhelando siempre lo justo, y aburrido de tener que contestar ¿y cómo no? a la injusticia, le envío un abrazo sincero y cariñoso

Juan Ramón

Recuerdos a los amigos que sientan la amistad sobre la ocasión. Escríbame, hábleme de España.

Le escribo a máquina porque algunos censores han dudado de mi letra. Lo siento, y muy íntimamente en el caso de una larga carta de nuestro buen Pablo Bilbao Arístegui.

La lealtad de Gerardo Diego siguió ofreciendo pruebas de amistad, y la dedicación al estudio de la poesía de Juan Ramón, a través de las novedades que Gerardo iba conociendo desde España, fue dando, con los años, sus frutos. Los numerosos programas de Radio Nacional de España, a través del *Panorama Poético Español* dedicados a Juan Ramón, las cartas que Gerardo le fue enviando, los nuevos libros, y el estar Juan Ramón en cierto modo aislado, lejos de España, fueron acentuando en Juan Ramón un sentimiento de reconsideración que habla también muy bien de su buen corazón. La última carta, escrita por el poeta de Moguer a Gerardo Diego, ha sido citada en alguna ocasión como muestra del estado de ánimo del último Juan Ramón respecto a sus antiguos amigos de España (1992: 99-100):

> Río Piedras, P. R., 1 diciembre 52
> Apartado 1933, Universidad

Todos, mi querido Gerardo Diego, podemos morirnos en cualquier momento de nuestra vida, pero es más fácil que se vaya uno que ha tenido un serio aviso (un año de hospitales) de descompensación cardiaca.

Y yo le quiero decir a usted hoy que le agradecí siempre mucho todo lo bueno que usted hizo por y para mí especialmente en su escritura. Recuerdo ahora su artículo sobre mi *Segunda antolojía poética* en la *Revista de Occidente*; sus cartas de felicitación cada vez que yo subía un poco en mi poesía, por ejemplo cuando yo publiqué mis *Hermanos eternos*; sus hermosas adhesiones en los saludos de esa Radio Nacional por mis sucesivos cumpleaños, mis nochebuenas; otras muchas cosas que no olvido.

Lo que yo haya hecho hacia usted públicamente y que haya podido desagradarle vino del chismorreo de los traeillevas que me rodeaban. Esta es la verdad. Perdóneme por no haber cerrado los oídos.

Me gustaría poseer lo que usted escribió sobre mí en las emisiones de radio y aún, si le fuera posible, lo demás. Yo lo tenía conservado en España, pero nunca ha vuelto a mí. Guerrero me envió su preciosa pájina de la Navidad primera en que usted intervino, pero no me ha enviado nada más.

En las últimas de esta vida mía ya larga y que me asombro de seguir viviendo, me gusta ajustarme las cuentas. Un ajuste da como suma esta carta y un largo abrazo para usted, querido Gerardo Diego.

Juan Ramón

Y para terminar: ¿Por qué dedicó *Espacio* Juan Ramón a Gerardo Diego? En primer lugar sorprende la dedicatoria en su tenor literal (1986: 121): "A Gerardo Diego que fue justo al situar como crítico el "Fragmento Primero" de este "Espacio" cuando se publicó hace años en Méjico. Con agradecimiento lírico por la constante atención de su reacciones."

Ya el mismo Juan Ramón explica las razones. Y también, como no podía ser de otro modo, Gerardo Diego, quien en un artículo de 1954, titulado *Espacio*, recuerda (2000: VIII, 41): "Yo comenté el suceso con el entusiasmo que siempre me arrebata la contemplación súbita de la Belleza poética y que, gracias a Dios, no se amortigua ni se enfría con los años. Y ahora el poeta corresponde a aquellas sencillas palabras mías con la dedicación del poema íntegro en términos de justa nobleza que agradezco en el alma."

En efecto, Juan Ramón Jiménez publicó "Espacio (Una estrofa)" en *Cuadernos Americanos* de Méjico, en septiembre-octubre de 1943. A continuación, también en *Cuadernos Americanos*, y con el mismo número de la revista, correspondiente a 1944, publicó "Espacio (fragmento primero de la segunda estrofa)", ambos textos en verso libre. Y ya en 1953, en *La Nación* de Buenos Aires, apareció una parte del fragmento tercero, en prosa, "Leyenda de un héroe hueco". Se siguieron publicando fragmentos y en abril de 1954, en España, aparece en *Poesía española*, el texto definitivo. Juan Ramón se lo ofreció a José García Nieto, según carta de 27 de febrero de 1954. Y ya en esa publicación apareció dedicado a Gerardo Diego.

Y vamos a cerrar este capítulo transcribiendo la carta que Gerardo escribió, agradecido, al autor de *Espacio* (1986, 163):

Madrid, 7 de junio de 1954

Señor don Juan Ramón Jiménez

Mi querido amigo:

Estoy como chico con zapatos nuevos con su generosa dedicación de *Espacio*. Nada podía hacerme más ilusión por lo que significa su gesto de simpatía, por las palabras tan nobles e inmerecidas de la dedicatoria y por la radiante, caudalosa hermosura de su máximo poema. Ahora al leer de nuevo la estrofa conocida y completarla con los otros fragmentos, vuelvo a afirmarme en mi impresión de entonces y coronarla en el goce altísimo y total. Parece imposible en principio cantar tan sostenido en un poema absolutamente lírico, plenamente poético, sin apoyos argumentales (aunque sí con tanta vida registrada en torno) y cantar sin desmayo con embriagada lucidez. Hazaña de poeta a la que no encuentro fácil parangón ("Diamante parangón de la poesía".)

Reciba, pues, Juan Ramón, con mi gratitud muy honda mi enhorabuena más entusiasta.

Y un abrazo

Gerardo Diego

Como sabemos, Juan Ramón Jiménez, a partir de la publicación de *Espacio*, su última obra, sufrió una serie de complicaciones en su salud de carácter depresivo que continuaron hasta su muerte en 1958. Por su parte, Gerardo Diego se mantuvo muy fiel al recuerdo del maestro y amigo, y sobre él siguió escribiendo textos, entre los que destacan los que contienen el gozo del Premio Nobel. Con ochenta y cinco años, en 1981, Gerardo participó en el homenaje con el que la Real Academia Española conmemoró su centenario el 15 de noviembre de aquel año, con un extenso ensayo que recogió el *Boletín* de la institución. Sin duda, fue uno de sus últimos estudios, con el que correspondía, con el entusiasmo de siempre, a quien le dedicó también la última de sus creaciones.

6
PINTURA

La múltiple personalidad de Gerardo Diego reserva al lector numerosas sorpresas, y, sin duda, una de las más sobresalientes es la causada por sus ensayos dedicados a la pintura y a los pintores, especialmente a los pintores españoles contemporáneos, aunque también escribió textos referidos a algunos artistas clásicos, como Zurbarán, Murillo o Goya. Casi sin pretenderlo, asegurando no ser un técnico o un especialista en el arte de la pintura, sino tan sólo un contemplador entusiasta de determinadas obras, pertenecientes a algunos amigos pintores, poco a poco, como en realidad realizó toda su nutrida obra, fue escribiendo sus impresiones sobre estos artistas, algunas veces de forma voluntaria, con destino a sus colaboraciones habituales de prensa o radio, otras requerido por la amistad de unos y otros en forma de palabras prologales de un catálogo, etc. El caso es que Gerardo Diego llegó a escribir una importante obra ensayística sobre pintura y pintores.

Tanto es así, que a la altura de 1975, una editorial se decidió a recoger en un libro de grandes dimensiones, dentro de una prestigiosa colección de volúmenes de arte, muchos de los artículos que hasta entonces había escrito sobre pintores y pintura, fragmentos de textos de catálogos, reflexiones personales sobre la figura humana de los artistas evocados, impresiones de contemplador de lienzos y dibujos, de acuarelas y óleos, junto a algunos de los poemas más representativos tales pintores dedicados. El libro, que habría de titularse *28 pintores españoles contemporáneos vistos por un poeta*, constituye, desde el punto de vista histórico, una singular excepción en la biografía y en la bibliografía de un poeta contemporáneo ya que nos muestra la calidad de crítico y de observador de este gran escritor que fue Gerardo Diego junto a su impresión poética ante estas creaciones pictóricas, ante la obra y la personalidad de los artistas. Recogiéronse entonces algunos textos referidos a veintiocho artistas, los mismos que las letras del alfabeto, como puntualizó en la presentación de su obra, veintiocho pintores ante un poeta, todos contemporáneos, y todos conocidos personalmente por Gerardo Diego, excepto dos: Picasso y Regoyos.

En los artículos dedicados a éstos como a los otros pintores, descubrimos al contemplador entusiasta del arte del color y de la forma, identificado con

plenitud en la empresa de renovación que cada uno de los artistas recordados en estas páginas han querido aportar a la pintura española, y, en algunos casos, a la pintura universal como lo sería en el de Picasso, por citar un
solo ejemplo. La reflexión de Gerardo Diego, en todos estos textos, no es,
como era de esperar en su siempre sorprendente personalidad, ni mucho
menos lineal, ni se dedica exclusivamente a un determinado tema, ni esta-
blece un mismo esquema de análisis estético. Son las propias exigencias
formales y estructurales de cada artista las que reclaman un determinado
punto de vista. Y estas perspectivas son por lo tanto numerosas: reflexiones
teóricas, estudios formales de determinados y concretos lienzos, explicaciones y contextualizaciones de carácter histórico, y aun cultural o ideológico,
exposiciones de relación entre diferentes artes, particularmente pintura y
poesía, aunque también pintura y música, evocaciones personales de los
pintores en su vida cotidiana, en su estudio, en su contexto geográfico, visiones y visitas a los artistas en su propio medio, confluencia con personalida-
des contemporáneas, son algunos de los enfoques de los que se vale nuestro múltiple Gerardo Diego para llegar a un pintor, captarlo y contárselo a sus
lectores, con cualquier motivo, y en cualquier circunstancia: una exposición,
la muerte de un pintor, la visita a un estudio, el reencuentro de una pintura en
un museo, un determinado triunfo de este o aquel artista, la memoria o el
recuerdo de un acontecimiento pasado.

Las artes plásticas están presentes en la poesía de Gerardo Diego desde
bien pronto. Ya en sus libros iniciales *Imagen* o *Manual de espumas*, escritos
entre 1918 y 1922, aparecen poemas dedicados a amigos artistas, que serán
habituales en otros muchos libros poéticos suyos, hasta llegar al conjunto de
Hojas, que recogieron las *Obras completas*, ya muerto nuestro poeta, en
1989. Gerardo Diego, que luchó siempre por representar las otras artes en la
poesía, sobre todo la música, realiza en sus poemas sobre pintores y escul-
tores acercamientos líricos a mundos de formas, líneas y colores, a universos creativos con los que se siente confundido y emotivamente próximo.

Desde joven, desde su estancia en París en 1922, invitado por Vicente
Huidobro, vive de cerca la pintura de vanguardia cuando conoce a Juan Gris,
Fernand Léger y María Blanchard y mantiene bien pronto contacto directo de
amistad y mutua admiración con numerosos pintores, ya sean de Santander,
como Agustín Riancho o Pancho Cossío, o los que conoce cuando se trasla-
da a vivir a Gijón: Piñole, Evaristo Valle, Paulino Vicente.

Sabemos con exactitud la fecha de composición del libro de Gerardo
Diego *Manual de espumas*, el segundo libro de vanguardia del poeta tras
Imagen, aparecido en 1922, pero escrito entre 1918 y 1921. Mientras que
Imagen es un libro de relativamente larga gestación, ya que se alarga en su
redacción durante cuatro años, *Manual de espumas* se escribe tan sólo en
un otoño, el de 1922, fecha de composición de todos sus poemas, menos
"Primavera", que es el más antiguo del poemario y se escribe en la primavera
de 1921 en Santander. El resto del libro está compuesto en su integridad en

Gijón, adonde había llegado destinado como catedrático del Real Instituto Jovellanos ese mismo principio de curso de 1922-1923, recién trasladado desde su primer destino en Soria. Al incorporarse a la cátedra de Gijón, el poeta entra en contacto con un grupo de artistas e intelectuales de la ciudad asturiana: Evaristo Valle y Nicanor Piñole. También coincide con José Moreno Villa, el pintor y poeta, destinado en ese momento en el Archivo de Gijón. Moreno Villa dibujaría el retrato de Gerardo Diego que figurará en la edición de *Manual de espumas*, cuando ésta se imprima, bastantes meses después, ya al final de 1924. En realidad, el libro lleva fecha de 1925 y aparece en Cuadernos Literarios, en Madrid, en la Imprenta de la Ciudad Lineal.

Cuando el poeta llega a Gijón, en octubre de 1922, acababa de regresar de un interesante viaje a París. En efecto, Gerardo Diego había estado en Francia, invitado por Vicente Huidobro, el poeta vanguardista chileno, que escribía sus poemas en francés –además de en español–. Invitó éste a Gerardo y a Juan Larrea, cuando le conocieron en Madrid en 1921, a viajar a París para descubrir a los artistas de vanguardia, lo que Gerardo Diego realiza en agosto de 1922. Es su primer viaje a Francia y entonces conocería a los escritores y artistas en cuyo círculo, el de la revista *Nort-Sud* de Pierre Reverdy, se movía Huidobro: Juan Gris, María Blanchard, Fernand Léger y a otros representantes de la vanguardia francesa, como Paul Dermée, Céline Arnauld, Waldemar George, Maurice Raynal, G. Jean-Aubry, Daniel Henry Kahnweiler, Jacques Lipchitz, etc. Al regresar a España, Gerardo viene seducido no sólo por el arte de vanguardia, sino por la cultura francesa. En esos años lee y relee, medita y trabaja sobre los poetas más avanzados del momento como Valéry, Reverdy, Max Jacob, algunos de los cuales serán estudiados por él y casi todos traducidos. El poeta jamás dejaría de escribir sobre escritores y artistas franceses.

La relación del libro *Manual de espumas* con el arte de vanguardia y, en concreto con la pintura cubista, es algo que quedó establecido en la crítica especializada, a partir de 1970, cuando el poeta escribió el conocido texto en que manifiesta esta vinculación: "*Manual de Espumas* es mi libro clásico dentro de la poética creacionista. Largas conversaciones con Vicente Huidobro y Juan Gris, y además con María Blanchard, Léger y otros artistas, críticos y poetas en el París de aquel año hicieron posible que yo aprendiese cuanto necesitaba. Escuchándoles, no obstante, yo pensaba siempre en mi música y en mis músicos, y traducía mentalmente los términos plásticos a vocabulario temporal y sucesivo que por serlo era más idóneo para "componer" poesía. Los "rapports", las gradaciones desde un tema u objeto de la naturaleza hasta la transfiguración en unidad, y calidades autónomas plásticas y cromáticas, ya en sentido abstraedor, ya por el contrario concretador si se partía de lo geométrico, me abrían cada día inéditas perspectivas que luego en la paz feliz de la playa cantábrica encontraron armoniosa poetización". (1998: 65) Lo considera, además, su "cancionero más ortodoxo dentro del movimiento creacionista, y también el más próximo a la pintura cubista". Lo que no impide, por supuesto, que el poeta lo vea como su "momento

Garcilaso", "como algo idílico, y profunda y delicadamente humano". (1998: 66).

Naturalmente, las palabras de Gerardo Diego han solucionado muchos problemas a la crítica especializada y a los estudiosos del cubismo en el poeta como María Ángeles Hermosilla y Juan Cano Ballesta, que, sin más, las ha seguido al pie de la letra, y, partiendo de ellas, ha quedado establecido para siempre que este libro es creacionista puro, que está influido por la pintura cubista y que representa una obra maestra, por estas razones, dentro de la poesía española de vanguardia. Pero hay que observar que en las palabras de Gerardo Diego se dicen muchas más cosas, y que debemos ir directamente al análisis de los poemas de Gerardo Diego y tratar de comprenderlos en su textualidad, sin duda totalmente hermética. La pintura, la de Juan Gris, sobre todo, pero también la de los pintores que entonces conoció en Gijón pueden ayudarnos a entender este libro y a comprender el sentido de sus textos, de sus imágenes creacionistas, cuya teoría, explicada por Gerardo Diego, en varios textos de aquellos años, es ya muy conocida, sobre todo su concepto de "imagen múltiple".

La relación del libro con el viaje a Francia es indiscutible, y de hecho, si observamos las dedicatorias de los poemas que figuran en el poemario, veremos que en ellas se encuentran los nombres de todos estos pintores, críticos y poetas de la vanguardia parisina, cercanos al cubismo, que Gerardo había conocido en aquel agosto inmediatamente anterior al otoño de la redacción del libro: el crítico de arte Waldemar George; el pintor Juan Gris, a quien dedicaría, posteriormente, en *Biografía incompleta*, uno de los poemas más representativos de aquel libro, "Liebre en forma de elegía"; la poetisa Céline Arnauld, una de los setenta y un presidentes de Dadá, y su marido Paul Dermée, colaborador de la revista *Nort-Sud* de Pierre Reverdy; el crítico de arte, amigo de Picasso y de Juan Gris, Maurice Raynal; el crítico musical G. Jean-Aubry, dedicatorias que se completan con algunos nombres españoles muy significativos de las nuevas tendencias, como Ramón Gómez de la Serna, José Moreno Villa, Juan Chabás, José Bergamín, Rodolfo Halffter o Jorge Guillén.

En 1927, a raíz de la muerte de Juan Gris, Gerardo Diego publicó un extenso estudio de veinte páginas en la *Revista de Occidente* con el título de "Devoción y meditación de Juan Gris". Está basado el artículo en tres clases de antecedentes o documentos. Su visita a Juan Gris en París, algunas de las cartas que le escribió y que reproduce y, finalmente, un análisis de su pintura. Describe al pintor andaluz como un hombre de un gran atractivo personal, con aspecto de moro, que mezclaba francés y español en su conversación. En sus cartas, recuerda con orgullo la relación que el propio Gris había advertido entre los cuadros y los poemas de Diego. Y el análisis de su pintura revela la especial capacidad de Gerardo Diego para entenderla. Explica el lector, con este fin, su génesis, su planteamiento, su desarrollo y su logro definitivo como creación autónoma que recibe un nombre, un título.

Otro de los documentos glosados por Diego es la conferencia de Juan Gris titulada "De las posibilidades de la pintura", en la que el pintor glosa con singular lucidez su enfrentamiento a la realidad y la representación de ésta en la pintura: recuerda al respecto Diego los distintos grados de relación con la realidad: grado cero: copia; grado primero, imitación; grado segundo: interpretación; grado último: representación, que viene a ser la "absoluta presencia, ubicua, de lo artístico." Y en palabras del propio Gris: "La representación de este mundo sustancial (y digo sustancial porque considero las nociones de los objetos como sustantivas) puede dar lugar a una estética, a una elección de elementos que no son propios, sino para revelar este mundo de nociones que esencialmente existen en el espíritu.". Cierra esta importante reflexión sobre Juan Gris con una última referencia a su primitivismo, que, como el del primer Picasso vanguardista, constituyen uno de los fundamentos del arte nuevo, y tanto conmueven, como los primitivos italianos –Giotto, Cimabue– al poeta, influido por "la burladora sorpresa que mueve el sol del arte y también las otras estrellas" (1975: 79-91).

Gerardo Diego intentó, también en 1927, plasmar este arte especial, es decir, el cubismo de Juan Gris en un poema que ha tenido bastante fortuna, titulado, tal como hemos adelantado "Liebre en forma de elegía". Escrito y publicado ese año en el número 1 de la revista *Carmen*, lo incluiría en libro años después, en *Biografía incompleta*, ya en 1953, con la dedicatoria que figuró desde un principio en tal poema: "A Juan Gris al otro lado". También habría de formar parte de *28 pintores*:

Pues bien
eso que late amigo entre tus manos
eso es el amor de padre
o también la liebre funesta

Acuérdate pensando en los ciclistas
de los consejos difíciles de río y de teatro
los ciclistas que como ves
se deshojan de tres en tres

Y el cangrejo de premio a la virtud
que esperábamos todas las tardes
lavándonos los pies

Luz luz más allá a través del níquel
surcado de mis venas cotidianas
Luz yo te canto
y tu la alimentas de tus canas

Entretanto
yo persigo el destino
obtenido en el roce de tus pensamientos inclinados
Yo que ignoro la forma de la esperanza polar
pero que domino los silbos derivados
de la prolongación filial

y esos dos o tres grados
de calor natural
que emite cada vez que duerme el lienzo

Yo que me paso la vida
ante la primavera a ver si la convenzo
ayer mientras te oía
tuve que prorrumpir en color amarillo
y construir del paraíso otoño e invierno
un triángulo aproximadamente de sexo alterno

El poeta Ángel Crespo escribió un luminoso artículo, uno de los últimos de su vida, sobre este poema en el que puso de manifiesto la relación de la liebre en las mitologías orientales y en Grecia con la luna y la muerte. Aunque, cuenta el poeta, cuando se le preguntaba a Gerardo Diego qué quería decir "Liebre en forma de elegía" contestaba que quería decir "Liebre en forma de elegía", exactamente eso. Ángel Crespo, en su explicación, alude igualmente a la evocación a la relación personal Gris-Diego, a sus conversaciones, a su amistad, ya que para él, este poema es "como una conversación entre el poeta y el pintor, de la que sólo oímos las palabras entrecortadas de emoción del primero de ellos", y al comentar los versos finales, tan enigmáticos, ha considerado que "parecen referirse a un ceremonial protector, en virtud de los poderes mágicos del sexo, del que también es símbolo, tanto positivo como negativo, la liebre, válido para el tiempo en que la diosa invocada se encuentra en las regiones inferiores del otro lado".

Sin ser estrictamente Gutiérrez Solana un pintor de vanguardia la relación con este pintor cántabro fue para Gerardo Diego iluminadora y enriqueció su poesía y su concepción del arte. Con Gutiérrez Solana, Gerardo Diego mantuvo amistad entrañable, de paisanaje santanderino y de convivencia en Madrid durante años. De 1921 es el texto más antiguo que dedicó al pintor (escribió otros muchos sobre él en diferentes fechas y lugares). Se trata de la crónica publicada en Santander sobre la exposición de Solana, realizada, en 1921, en el Ateneo de Madrid. Allí descubre ya el poeta las características singulares de su arte expresivo y original centrado en ambientes excepcionales con personajes extraídos del pueblo, mostrados en su crudeza, herederos del Goya del siglo XIX. El segundo artículo es mucho más entrañable y está escrito tras la muerte del pintor. Lo más llamativo de este texto es que explica por qué dedicó el soneto "El viento sur" de *Alondra de Verdad* al pintor cántabro. El soneto, desde luego, de 1932, integrado también en *28 pintores*, merece ser recordado por su condición de poema pictórico, poema de paisaje integrado en un contexto clasicista (el libro *Alondra de verdad*, la forma soneto...) que se completa, en un gesto de permeabilidad muy de Gerardo Diego, con un despliegue de imágenes vanguardistas, de origen creacionista:

No existe el aire ya. Las lejanías
están aquí al alcance de la mano.

Evidente es el mundo y tan cercano.
He aquí la densidad que apetecías.

La luz se cierne en mineralogías
tan de ardiente osatura y primer plano
que me brota este grito sobrehumano:
Gloria al bramar de las montañas mías.

Es el viento que encrespa sus bisontes,
que en bravo alarde de torsión y ultraje
lomos restalla de olas y de montes.

El viento que me empapa de paisaje.
Sur, viento sur, enrólame en tu viaje
y ráptame en tus brazos de horizontes.

Y es muy cierto que queda patente la relación entre ese viento hosco y negro con la pintura de Solana: "Toda la pintura de Solana está tocada y trastocada de viento sur, ese viento que nos acerca al mundo, haciendo necesario el aislador del aire. Por eso al escribir yo mi soneto al viento sur, pensé que estaba en la obligación de dedicárselo al gran pintor, al amigo, al paisano, que me había enseñando a deducir la sublime lección artística que el viento sur nos explica. (1975: 115-127).

La relación con los pintores cántabros no acaba aquí. Desde luego la que mantuvo con Pancho Cossío es excepcional. Fue Gerardo Diego el primero en saludar afectuosamente la exposición primera que hizo Francisco Gutiérrez Cossío en Santander en 1921, a través de un artículo de *El Diario Montañés*, sobre el pintor de ascendencia cántabra, conocido por Pancho Cossío, que entonces utilizaba el nombre completo. En esas páginas ya señalaba el poeta santanderino las notas de originalidad que definen su pintura minoritaria, alejada de lo establecido y de lo común. Pero antes Gerardo dedicó un poema, de 1919, a Pancho Cossío (en realidad la dedicatoria es a Francisco G. Cossío), que se incluiría en *Imagen*, y también figuraría en *28 pintores*. Se trata de un poema de la primera vanguardia de Diego, que difiere un tanto, por lo menos en el manejo de las imágenes, de los dedicados, y antes recogidos, a Picasso y a Gris. Su título es "Puerto-Chico":

La nave que dio a luz el horizonte
pliega sus alas como quien
       cierra un libro

Al ver la fragata
todas las chimeneas
se quitan la chistera
       He visto en unas redes
       los Peces del Zodiaco

Por la noche

cantan los gallos catalépticos
entre los hidroplanos albergados

Y la hija del patrón
desflora las cuatro hojas
del trébol lanceolado de los vientos

De pie sobre las aguas los marinos
que han jurado los remos
los levantan al cielo

Allá arriba
todas las banderas
cantan sus sinfonías marineras

Otro artículo, más extenso, que coincide con la exposición en Madrid, de 1952, es el que dedica a "La pintura de Pancho Cossío", pero también hay otros: uno casi arciprestezco, dedicado al melón y a la sandía en un cuadro del pintor, de 1966, y otro necrológico, escrito en 1970. Discípulo de Cecilio Pla, luego amigo de Picasso, Braque y Juan Gris en París, su pintura es eminentemente poética, con veladuras similares a la niebla que cubre los paisajes cantábricos, pero que no desdibuja ni hace perder los contornos. Barcos, mesas, frutas, sillones, retratos, paisajes, fichas, dados, naipes, son todos temas de su pintura, velada por una luz originalísima que hace que Cossío no pinte la vida sino la pintura misma logrando espiritualizar los objetos y sujetos de su pintura. (1975: 129-141).

Otros pintores de su generación atrajeron la atención de Gerardo Diego: Benjamín Palencia, cuya pintura, como las prosas de *Azorín*, recoge la luz de Levante y de Castilla (1975: 149-159); Gregorio Prieto, a cuyos retratos se dedica con admiración (1975: 161-163), etc. En la evocación de la pintura de Benjamín Palencia recurre el poeta al recuerdo personal y a los efectos que sobre su espíritu, cansado profesionalmente, tras unas oposiciones, ejerce la pintura de Palencia en su etapa surrealista, que describe con detalle. Quizás, de los textos recogidos en *28 pintores*, lo más llamativo, producido, sin duda, por las circunstancias de inaugurar o presentar una exposición de Palencia en Monóvar, es la comparación, llevada a cabo con *Azorín*, incluso desde sus mismos nombres, terminados en *i* aguda con nasal, como ya hemos advertido antes, al recordar la comparación de paisajes de Levante y Castilla y de representaciones surrealistas en ambos creadores de "pintura poética".

Gregorio Prieto, cuya relación con los poetas de la generación de Gerardo Diego es muy conocida, sobre todo a causa de los retratos que de muchos de ellos hizo, llama la atención de nuestro poeta para una exposición en la que se reúnen obras varias del pintor manchego y no sólo los retratos, que, en efecto, son recordados por su comentarista. Recuerda también éste la obra literaria producida por Prieto. Entre imaginación y fantasía, la obra del pintor sobresale por su especial dominio del color en los lienzos, pero sobre todo destaca su maestría y gracia de dibujante, evidenciada en la poetización de paisajes y naturalezas muertas, aunque el poeta prefiere considerarlas *no* muertas, sino vivas. Respecto a los retratos de los poetas, destaca, sobre todo, el fulgor en la mirada de los interesados.

Vamos, finalmente, para cerrar estas evocaciones, a referirnos a un texto muy poco conocido de Gerardo Diego sobre Salvador Dalí. Se trata de un artículo, escrito para la radio, en un momento y en una circunstancia concreta del pintor catalán, titulado "Mitos y plagios", (*Panorama Poético Español*, núm. 237, sin fecha, pero de noviembre de 1951).

En efecto, en 1951, se exponen en Madrid una serie de obras de Dalí que al poeta de Santander le parecen escandalosas. Gracias a la propaganda, el número de visitantes ha sido inmenso y a Gerardo Diego le preocupa la actual pintura de Dalí que critica con incisiva penetración, sobre todo en lo que se refiere a la recreación de los mitos clásicos por los surrealistas y el surrealismo y en concreto por el pintor de Cadaqués. De la recreación al plagio y a la copia va un paso, y Gerardo Diego pone algún ejemplo interesante de intento de crear originalidad con excesiva utilización de elementos ya conocidos, motivos de primitivos, etc. El texto es muy interesante, desde el punto de vista histórico, porque confirma con toda claridad el distanciamiento consciente y voluntario del surrealismo, que Gerardo Diego, que cultivó toda su vida una estética de vanguardia —el creacionismo o la poesía de creación—, mostró siempre con absoluta claridad. Del surrealismo, cuya estética, en efecto, no comparte, y menos la utilización propagandística que en este momento concreto —1951— hace Salvador Dalí de sus geniales incongruencias. El artículo es valiente, enérgico y fundamentado en opiniones expertas, y constituye una sorpresa de las que Gerardo Diego gustaba tanto dar a sus lectores y, en este caso, a sus oyentes. Desde luego hoy sigue resultando sorprendente sin duda alguna.

Apéndice

Gerardo Diego
Mitos y plagios

Por fin, se ha clausurado la I Exposición Bienal de Arte Hispanoamericano en Madrid. Este por fin quiere decir que, en efecto, mucha gente que no ve el arte actual con demasiada simpatía, por lo que sea –disconformidad de gusto estético, enojo ante la propaganda, invasión del área vecina en las publicaciones, etc.– habrá respirado con tranquilidad al pensar que las cosas vuelven a sus cauces y que críticas y contra-críticas, polémicas y escándalos cesarán en beneficio de otras predilecciones suyas. Sin embargo, y antes de que sea demasiado tarde, este "Panorama" quiere arrimar el ascua a su sardina poética y deducir algunas consecuencias que quizá no sean in-oportunas.

Es evidente, es un hecho social con el que hay que contar, que jamás se hubiera pensado como posible que una simple exposición de pintura atraería una muchedum-bre que en fila india, semana tras semana, ha ido desfilando para contemplar singu-larmente las escandalosas obras de Salvador Dalí. Si alguna vez ha quedado demos-trada la eficacia de la propaganda es en el caso de este Salvador Dalí de voz aceitunada, que no es otro que aquel mismo héroe de la un tiempo famosa Oda de Federico García Lorca, oda que apenas si se ha visto aludida en los múltiples comen-tarios suscitados ahora por el arte del pintor de Cadaqués. Valdría la pena de revisar sus estrofas, sus blancos alejandrinos asépticos –¿no se decía entonces así?– y de comprobar si tenían razón o erraban los que hace un cuarto de siglo juzgaban el ambi-cioso poema como ejemplo perfecto de arte clásico, como una especie de "Epístola ad Pisones" para el arte pictórica, suma de toda excelencia en la pura sintaxis del deseo arquitectónico.

Pero lo que hoy nos mueve a divagar amablemente en torno a Dalí es su capaci-dad para la sugestión del mito poético. Y también su desenfado y tragaderas en cues-tión de plagios. Creemos y venimos sosteniendo aquí y allá que los mitos clásicos no envejecen, que aún son operantes, que sus eclipses, por ejemplo el más dilatado del siglo romántico, son pasajeros. Asistimos a la recuperación para el arte y el prestigio de la tradición de uno de los artistas más iconoclastas y de una de las escuelas más generalmente consideradas como revolucionarias, destructoras y de vanguardia, el sobrerrealismo, al que el habitual galicismo "surrealismo" le da un matiz muy expresi-vo, pero contrario al sentido francés, de sub-realismo, de infra-realismo.

La espléndida colección de dibujos de Salvador Dalí abunda en ejemplo de tradi-cionalismo mítico, y lo mismo digo de la reducida colección de pinturas que la preside. Leda, las Tres Gracias y otras fábulas más o menos disimuladas en hábitos oníricos, mentales o demenciales de nuestros días inspiran al pintor nuevas exégesis plásticas y suscitan al contemplador inteligente apasionados cotejos con otras paralelas versio-nes de los mismos temas míticos en las diversas formas de la creación literaria: nove-la, teatro, poesía. Y también de la danza coreográfica. De hecho Dalí es un gran co-reógrafo en potencia y un maravilloso decorador coreográfico en acto. Muchos de los dibujos por él exhibidos se mueven literalmente, están pensados y resueltos en línea animada y se justifican por completo sus desniveles, caprichos y monstruosidades en cuanto se les mira al bies de su destino coreográfico declarado e implícito. Las carretillas –ese ingenuo mito surrealista tan ingenuo y pobre como todos los inventados por los pintores de dicho ismo cuando quieren salirse de la maquinaria clásica– giran y tornan por el vacío de la cúpula cerebral vaticana como avanzan con movimientos epilépticos por la escena del "Tristán loco", el ballet daliniano de Montecarlo. Y los elefantes con patas de araña pertenecen al suntuoso cortejo de otro posible o ya existente despliegue escenográfico. Lo notable del caso es que ya nos suena tan a academia el dibujo de cartón renacentista del Dalí neoclásico como el obsceno, con obscenidad apenas disimulada, del fabulario descreído y froidiano.

Últimamente, los adversarios de Dalí presentan ejemplos de plagio, de plagio descarado. En una revista artístico-literaria pueden compararse dos perros, el del cuadro de Dalí niño levantando la piel del mar para contemplar el perro que duerme a su sombra y el de un fragmento de cierta tabla de primitivo de Barcelona. El perro es el mismo, exactamente el mismo, y por cierto bastante repugnante, digan lo que quieran los socios de la protección a los animales. Yo no le tocaría con la punta de un dedo por cuanto hay. Bueno ¿y eso qué es lo que quiere decir? ¿No es un plagio? Yo diría que más bien es una copia. No hay disimulo. Todo está igual. Ni siquiera cautela para que no se le descubra, puesto que el original está tan a la vista que era fatal que alguno lo denunciaría. ¿Entonces? A mi entender puede haber una especie de desafío, de ganas de provocar irritación y escándalo. Esto entra dentro de la técnica autopropagandística. Pero que se copie o se plagie un perro entero es lo de menos. Lo de más es que quepa en una estética de artista de nuestro tiempo, el encaje total y exacto de todo un elemento compuesto, complejo y terminado, una obra entera, en el estilo suyo sin que nadie note la incongruencia. Si el vocabulario de que se sirve el nuevo poeta, el nuevo pintor, ya no se compone de palabras ni de frases, sino de estrofas, de poemas enteros y no se nota el remiendo, mal año para el nuevo estilo.

7
Su generación

Gerardo Diego glosó la amistad en su poesía, y la dejó presente y viva en muchos de sus versos. Un poema de 1976, justamente titulado "La amistad", dedicado en homenaje a un amigo muerto, el bibliófilo murciano Antonio Pérez Gómez, marca, en plena senectud, el sentido que para él posee esta virtud humana. El poema lo difundió, tras el *Libro-Homenaje*, publicado por la editorial "La fonte que mana y corre" (Cieza, 1978), a través de su antología *Cometa errante*, y figura en la *Poesía completa* entre los poemas recogidos en *Hojas*. Con el símbolo del fuego que se propaga y nunca se consume, abre el poeta una canción llena de poderosa fuerza espiritual. La amistad existe por encima del tiempo como virtud eterna y como sistema de correspondencia vital. La amistad es permanente y la muerte no la interrumpe (1996: III, 815):

> Quisiera yo decir ese milagro
> que es la amistad de fuego,
> la ignición propagándose
> sin consumirse nunca,
> la llama que nos ciñe y que nos quema.
> Mas ¿cómo puede la devoradora
> renovarse sin magia de ceniza
> y salir y reentrarse en su hogar puro,
> rica de más y más conciencia
> a cada nueva lengua de desatado espíritu?

La obra en prosa de Gerardo Diego muestra igualmente este sentido de la amistad, y son numerosos los textos que se conservan en los que los amigos están presentes junto a los recuerdos, cuyo valor glosa el poeta en uno de sus más representativos artículos, de aquellos que recogen la memoria de un poeta. "El valor de los recuerdos", en efecto, se titula un hermoso artículo publicado en *Arriba* el 15 de abril de 1979, que nos introduce en una de las atenciones constantes del poeta: el paso del tiempo, su transcurrir, las modificaciones acaecidas a lo largo de su vida, que una

memoria constante va enumerando y comparando. En el artículo que comentamos Gerardo crea un clima de senectud auténtico ya que valora la
importancia de lo vivido y su reflejo a lo largo de su obra: "La vida sigue,
sigue siempre. Y cada vez que se muere un amigo, un admirado, un lector,
un pariente, no sólo se muere, se muere para la historia y la memoria, sino
que además se me muere a mí, personalmente, me disminuye, me deja en
soledad de duelo y de oración. Porque por mi gusto y por mi vocación, todo
lo que ha cabido en mi memoria lo he trasladado a mis papeles, impresos o
inéditos, y ellos responden y responderán de mí a los curiosos pertinentes
e impertinentes..." (1997: IV, 115).

Gerardo Diego escribió mucho de sí mismo. Lo hizo, eso sí, poco a poco,
en sus artículos de prensa, que día a día, semana a semana, iba dando a
conocer en algunos diarios madrileños de gran tirada entre los años cuarenta
y los años ochenta, es decir durante más de cuarenta de contacto directo con
sus lectores. Lo hizo también a través de la radio, a través de un espacio
titulado *Panorama Poético Español* que trasmitía el Tercer Programa de
Radio Nacional de España. En tales textos es posible leer muchas páginas
de Gerardo Diego, olvidadas o inéditas, recluidas en los archivos hemerográ-
ficos, perdidas en las colecciones de prensa. Muchos de estos artículos son
páginas de un libro de memorias jamás escrito. En 1973, en un artículo titulado "Evocación" (*Arriba*, 10-10-1973), algo de esto dijo cuando escribía:
"Esta evocación es también una confesión o confidencia en que hablo de mí
mismo. Nunca, como poeta, he hecho otra cosa. Aunque no lo pretenda, el
que siente vocación de poeta, se descubre a cada momento a sí mismo. Se
encuentra a sí mismo en todas las cosas, a pesar de que quiera ser objetivo."
Surgen así, en este artículo, los recuerdos de otros tiempos y de otras personas, la rememoración de sus inicios como poeta, con Juan Larrea, el primer
poeta al que conoció ("Ya para entonces –1919– yo decía a todo el mundo,
porque así lo creía y lo sentía, que Larrea era el más alto poeta de España"),
con Vicente Huidobro, con Eugenio Montes, con Rafael Cansinos-Assens,
las revistas, las tertulias, las conferencias... (1997: IV, 433).

Dentro de estos artículos de memorias personales, un capítulo de gran
interés también para comprender la vida del poeta, lo constituye el grupo de
textos que se refieren a su trabajo diario como escritor, en los que encontra-
remos multitud de matices de un gran interés, que van desde las referencias
al nacimiento de su propia vocación como poeta a los numerosos avatares
que en la existencia habitual se le plantean al escritor, los lugares y las circunstancias en que muchas veces es requerido, sus actividades intelectuales
tanto públicas como privadas, en definitiva una parte de la vida de Gerardo
Diego contada a sus lectores en tono menor, con aire de confidencialidad y
sin dar una especial trascendencia o importancia a los actos que constantemente componen esta existencia. Respecto al primero de los aspectos, el de
la vocación poética, fue ésta objeto de una conferencia, cuyo texto se conserva en un impreso de la época, que fue pronunciada en Montevideo, en el
Centro Gallego, el 12 de octubre de 1928. El texto de un gran interés sería

luego utilizado por Gerardo Diego para distintos espacios de su programa de radio, *Panorama Poético Español*. Hace en ella repaso y memoria de su autobiografía, sus aficiones y formación literaria, reflejando confidencias sobre sus primeros pasos, sus desánimos, su inscripción en la vanguardia, y la búsqueda de soluciones que llevó a cabo cuando el ultraísmo fracasó. Es, por tanto, un texto muy interesante porque recoge pormenores, como decimos, en tono de confidencia referidos a los primeros años de su biografía literaria. Recupera así una primera memoria de sus inicios como poeta, de su participación en la primera vanguardia, de sus anhelos y desilusiones que ya nunca olvidaría, ni en sus declaraciones públicas ni en sus artículos de prensa y radio (1930).

Sus recuerdos de aquella época pueden aflorar en cualquier artículo. Así, un texto titulado "Recuerdo ultraísta" (*Arriba*, 24-1-1971) contiene la más detallada memoria de su participación en aquellas tertulias y reuniones de vanguardia. No podemos olvidar cómo surge el artículo: un periodista de la Televisión Francesa llama a casa del poeta para preguntarle sobre el ultraísmo, confiando en que, con Guillermo de Torre, Borges y Cansinos Assens, podrá reconstruir el mundo de este interesante movimiento de vanguardia. Ya fallecidos Cansinos y de Torre, sólo quedan Borges y él, aunque hay otros, como Juan Larrea o Eugenio Montes. "Conocí a Guillermo de Torre en enero de 1919, en la tertulia de Cansinos en el Oriental a la vez que a Eugenio Montes por aquel y otros cafés y deambulaciones nocturnas o los salones de la Casa de Galicia, de la que fui socio como gallego afectivo (preciosa fórmula de su reglamento). Era yo por primera vez opositor a cátedra –no había más que una– y se la llevó (era la de Baeza) Samuel Gili, hoy insigne gramático, lexicógrafo y académico. Quedamos colocados para el año siguiente Emilio Alarcos García y yo." Datos pues para la biografía académica de Gerardo Diego: estas cátedras (cátedra, en realidad) a las que optaba nuestro poeta fueron las que contaron con Azorín en el tribunal. Sería Emilia Pardo Bazán la que presidiría las del año siguiente, las que obtuvo Gerardo. Los recuerdos se refieren directamente al ambiente: "Tertulia de Cansinos. Noches de sábado en Pombo presididas por la cordialidad exuberante de Ramón. Discusiones sin fin y préstamos y lecturas de lo nuevo y de lo novísimo, nunca tan vertiginosamente prestidigitados como en aquellos años. Solía decir Montes: "Un poema firmado el 23 de enero de 1919, por el solo hecho de haberse escrito ese día es mejor que el escrito el día 22". Ahora que tanto presumen los jóvenes escritores, los artistas, poetas o consumidores simplemente de la vida, cada uno de su generación reclamándola para cada grupo en el solo plazo de un año, han de saber que nosotros éramos entonces mucho más rápidos, aunque los vehículos no lo fuesen tanto, y que no nos contentábamos con contar por años, sino trescientas sesenta y cinco veces más veloces por días".

El artículo contiene otras informaciones interesantes, aunque ya dedicadas en su segunda parte totalmente a Guillermo de Torre: su participación, muy joven, con sólo dieciocho años, en estos movimientos, su tertulia con

Jorge Luis Borges, que sería posteriormente su cuñado, en la cervecería de la plaza de Santa Ana de Madrid, con Cansinos, con Ramón en Pombo, con Isaac del Vando-Villar, "comentando el último número de *Grecia* o preparando el inmediato". También recuerda el libro *Hélices*, que García Lorca recitaba pocos años después de memoria, o las *Literaturas europeas de vanguardia*: "Ya era en potencia, no el poeta que en su adolescencia ambicionó ser, sino el teorizante, ensayista, historiador de la infinita metamorfosis, problemática, conjetura, balance de la poesía, del arte y de la literatura de nuestro siglo. Para llegar a serlo en muy pocos años, mientras preparaba los bártulos para trasladarse a vivir a Buenos Aires, hubo de calmar sus ímpetus polémicos, un tanto enconados en la disputa sobre el creacionismo y ultraísmo con Vicente Huidobro." Le otorga, finalmente, un papel importante como creador de neologismos, que hubo de ir reduciendo porque asustaban un tanto a sus lectores. Pero esos neologismos han quedado, en parte, como quedaron los de Góngora, Rubén y Ortega, y ahora los de Zubiri: "Todas estas cosas, estos recuerdos, estos perfiles de amigos en ilusión y en lo que tan bien se quería definir con el adverbio Ultra, desfilan ahora teñidos de inmediata pena y lejana nostalgia. Y con los citados, camaradas o "hermanos" (denominación más o menos judaica de Cansinos) pasan o vuelven también Pepín Ciria y los hermanos Rivas y Comet y Lasso de la Vega y Bacarisse y Adolfo Salazar y... Gerardo Diego."

Los recuerdos del poeta adquieren, en efecto, un carácter personal y entrañable cuando van unidos a personas con las que convivió, a los que admiró o con los que tuvo amistad. Escritores, artistas, músicos, estudiosos, poetas, personas que en él influyeron, amigos de muchos años, maestros, mentores, muchos son los personajes que transitan por todas las páginas de la prosa de Gerardo Diego, pero en este caso, reunidos en esta colección de recuerdos, sobresalen aquellos cuya memoria quedó prendida a una determinada anécdota, a un gesto amigo, a un suceso extraordinario que al poeta llamó particularmente la atención y que pasados los años surge en un artículo periodístico con toda la fuerza de su humanidad, con la grandeza de la sencillez cotidiana, con la sinceridad de la anécdota más intrascendente pero que nos sirve para descubrir el lado más humano de algunos personajes que ya son historia, cuando Gerardo Diego en sus últimos años los recuerda.

Tiene Gerardo Diego una especial devoción a los maestros de la generación anterior a la suya, con los que mantuvo relación constante: Unamuno, ante quien se examinó en Salamanca, Azorín, a quien conoció en la época de sus oposiciones y a Antonio Machado, a quien apreció siempre por su bondad y por esa coincidencia que les hizo ir, sucesivamente, a la misma ciudad, y al mismo Instituto. "Recuerdos de Unamuno" (1997: IV, 397-399) se titula un texto (*Panorama poético español*, 1-7-58) en el que explica su relación con el Rector de Salamanca y la lectura en "La Rotonde" en París de la "Égloga" de Medinilla y el entusiasmo de Unamuno por ese poema, así como la defensa que hace de la poesía de Gerardo Diego. Más divertidos son los artículos que dedica a su relación personal con Azorín, sobre todo el titulado "La raspa" (*ABC*, 18-3-1974) (1997: IV, 412-413), en el que relata una visita a casa del autor de *La voluntad*, acompañado de su hija Elena, entonces adolescente, y al entusiasmo que en ese momento Azorín muestra por una radio de transistores que le han traído de Estados Unidos, invento moderno que, al ponerlo en marcha para que lo aprecien sus visitantes, deja oír la en ese momento popular música de "La raspa". Sobre Antonio Machado varios son los artículos en los que recuerda, sobre todo, la bondad del gran poeta, especialmente en el titulado "Magisterio de Antonio Machado" (*ABC*, 4-9-1956) (1997: IV, 400-402), en el que nos evoca su relación con Machado al que ha leído desde niño y, en especial, su bondad y su humildad, su equilibrio de pensamiento y sentimiento, de cerebro y de corazón. Este artículo es también muy interesante, porque en él Gerardo Diego habla de sus maestros en poesía, entre los que Machado se cuenta –aunque no tienen nada que ver las evocaciones de Soria de uno y otro– y de las influencias que ha recibido a lo largo de su carrera. La primera columna del artículo es muy interesante para conocer por boca del propio Gerardo los elementos que más influyeron en su poesía.

Otro personaje muy unido a pesar de los altibajos, separaciones, distancias y reencuentros, a nuestro poeta es León Felipe, relación que resume en "Fechas de León Felipe" (*Ínsula*, 265, diciembre de 1968) (1997: IV, 414-416), a través de una serie de años (1912, 1920, 1930, 1958 y 1968), datos que reitera en uno de los últimos artículos que publicó: "La novela de una tienda" (*ABC*, 11-4-1984) (1997: IV, 424-427), donde partiendo de la tienda familiar, glosada poéticamente en *Mi Santander, mi cuna, mi palabra* vuelve a reflejar su relación con León Felipe.

Muy entrañables son algunos recuerdos de poetas de su generación, llevados al artículo ya en los últimos años de su vida. Estos artículos están todos escritos *in morte* de los evocados y alcanzan un clima de especial emoción, que se ve acentuada en los escritos, ya al final de su vida, y publicados en 1984, como es el caso del dedicado a Jorge Guillén, tras su muerte. Entre tales textos, destacan los dedicados a Federico, a su sentido del humor, a su voz, y al poema a ella dedicado, a los que más adelante nos referiremos con detenimiento.

El artículo dedicado a Pedro Salinas ("Visita a Pedro Salinas", *Panorama Poético Español*, 1965) (1997: IV, 465-467) es también explicación de otro poema, que luego habría de figurar en *El Cordobés dilucidado. Vuelta del peregrino*. Se trata de un texto de singular intensidad emotiva por estar escrito en los lugares que Salinas inmortalizo en su *El Contemplado*, el mar de Puerto Rico: "Pedro Salinas cantó al vivir algún curso en Puerto Rico al mar, al mismo mar que yo miraba desde lo alto del Morro, tan distinto de aquel Mediterráneo alicantino al que también había cantado en poemas breves e intensos muchos años atrás. Ahora dedica al mar océano, al tremendo Atlántico, todo un poema extenso, un libro, "El Contemplado" que va a ser una de sus obras maestras y de las más comentadas y celebradas". Junto a ese mar, al visitar por segunda vez, desde lo alto de la muralla el camposanto donde reposa Salinas, escribe este bello poema a él dedicado como una "visita".

A Jorge Guillén ("Primera carta", *ABC*, 18-2-1984) (1997: IV, 481-484), tras su muerte, en 1984, lo evoca con la glosa de su primera carta, de 1924, es decir, sesenta años antes del momento en que escribe el artículo, en el que recorre toda una relación a lo largo del tiempo fundamentada en una sólida amistad, que ni los años ni la distancia, incrementada en los años del exilio de Jorge Guillén, empañaron o disminuyeron: "Tendría que contar ahora al lector de 1984 el asentimiento progresivo y total de su corazonada juvenil hasta su última renovación pocos meses antes de morir. Y no puedo olvidar los momentos iniciales de nuestra amistad, los encuentros y paseos por Valladolid y las conversaciones de encantadora sinceridad en la casa de Constitución, 12 [...] Más memorable todavía fue la conversación que siguió ya en casa de Jorge. Allí había entre otras cosas, un piano de cola, el matrimonio Jorge-Germaine y sus dos hijos, Teresita y Claudio. Y con tales elementos estaba muy claro que yo había de resbalar mis dedos sobre el teclado, y de la música habríamos de pasar a la poesía libre y a la perspectiva en futuro próximo de una doctoral esclavitud. Se yerguen en lontananza las torres y huertas de Murcia."

De distinto tono, aunque también se refiere a un componente de su generación, Dámaso Alonso, es el artículo se titula "Góngora en Oxford" (*ABC*, ?-9-1962) (1997: IV, 457-458), que relata una divertida situación, sucedida durante la conferencia que Dámaso Alonso dio sobre Góngora en Oxford, en un congreso de hispanistas que conmemoraba el centenario del poeta cordobés. En su exposición, Dámaso Alonso se sirvió de diapositivas para mostrar a sus oyentes unas cartas de Góngora y así examinar la letra del poeta cordobés y compararla con la de los manuscritos sobre los que estaba tratando. Pero Dámaso Alonso en su impulsiva actuación se situó, sin advertirlo, en el foco de luz del proyector de manera que se dibujó la caligrafía en el "campo craneal" del erudito... "La mano de Góngora, invisible, pero irrefutable, escribía, no sabíamos ya si en Madrid de Felipe IV o en Oxford de Elisabeth II, probablemente en los dos a la vez, su carta de desengaño y utilizaba el despejado campo craneal de un gran poeta para coronarle de gloria. Nada más justo."

Menéndez Pidal, Américo Castro, Oscar Esplá, Alfonso Reyes, Rubén Darío, Marcelino y Enrique Menéndez Pelayo, Manuel de Falla, Maurice Ravel y Manuel Machado son protagonistas de otras muchas anécdotas y sucesos de feliz recuerdo para nuestro escritor, que sabía medir bien lo sentimental y lo emotivo con lo anecdótico e irónico incluso, con una gran compensación y cuidado exquisito, al evocar el lado más humano de personajes de gran significado ya en nuestra historia y en nuestra cultura mostrando, en toda su verdad, cuál era, para él, el auténtico valor de los recuerdos.

En otros artículos, los personajes de su tiempo, maestros y amigos, comparecen en las páginas de Gerardo Diego como "actualidad", pero es la memoria la que les da cuerpo y contenido. De todos los asuntos tratados en estos artículos de actualidad, quizá el que se reviste de un carácter más emotivo es el representado por aquellos textos en los que se evoca a un determinado amigo con ocasión de alguna circunstancia que, de pronto, le ha situado en la "actualidad", por un premio, por una distinción, por algún suceso que lo ha hecho notable, por la circunstancia penosa de su muerte. Se apresura a mostrar su adhesión al personaje y a confirmar la amistad que le une con el homenajeado en sus líneas. Quizá, entre estos textos, el que adquiere un mayor sentido de veneración es el titulado "Los tres mayores prodigios" (*ABC*, 13-1-1950) (1997: IV, 730-731), dedicado a Menéndez Pidal, cuando cumplía los noventa años en plena lucidez y laboriosidad. Los tres prodigios son la edad a la que ha llegado, los discípulos que han surgido de su magisterio y de los que el anciano se rodea y el tercero la vejez activa de quien cada día aprende: primero de sus maestros, ahora de sus discípulos tan sabios como él. Don Ramón, de quien también aprendieron sus maestros, reúne ahora, como nadie, los tres prodigios señalados al cumplir los noventa años. En un mismo sentido de veneración, hay que inscribir el artículo "Ortega y Gasset", rotulado precisamente con el término "Actualidad" (*Consigna*, 178, noviembre, 1955) (1997: IV, 732-736) por la revista que lo publicó, pues se trata de un artículo aparecido tras la muerte de Ortega, a quien Gerardo Diego había admirado siempre y escuchado en conferencias tanto en Buenos Aires como en España. De dos partes se compone esta extraordinaria necrológica, ya que supera los límites superficiales de este tipo de artículo. De un lado, trata de Ortega y los poetas, advirtiendo en primer lugar que Ortega era un poeta en prosa, acuñador de metáforas e imágenes en su obra escrita, propias de un poeta. Su obra era "una fuente que venía manando desde hace medio siglo imágenes y metáforas de deslumbrante y sorprendente poesía". Considera en estas páginas Diego las relaciones de Ortega con la poesía y con los poetas de su tiempo, algunos de los cuales estudió y a otros no llegó a comprender como a Antonio Machado y Juan Ramón Jiménez. Sí fue generoso con los poetas "de 1925", a los que dio entrada en la *Revista de Occidente*. Para Ortega la poesía es fantasía, pero también lo son la filosofía y la matemática. El otro asunto es Ortega y la mujer, hacia quienes tenía siempre una especial atención y éstas le correspondían con su presencia masiva en las conferencias del filósofo. Como final, como "corolario" de su artículo propone la edición de algunas prosas de Ortega especialmente antologadas para mujeres: "lo cual no quiere decir que tengan necesariamente que tratar de ellas: Ortega es autor en algunos momentos atrevido y poco ortodoxo en su pensamiento. Pero de su obra puede extraerse una bellísima antología para mujeres."

Muy entrañables son tres artículos de actualidad, dedicados a compañeros suyos de generación: El titulado "Dámaso, hijo" (*Arriba*, 21-1-1979) (1997: IV, 740-741) con motivo del Premio Cervantes del autor de *Hijos de la ira*, en el que Diego llega a reproducir el estilo expresionista utilizado tantas veces por el homenajeado: "Tú, que te las sabes todas, eres un monstruo de la conciliación de contrarios, cómico genial y cónsul de la difícil y oscura noticia, investigador de archivos, bogavante y filologante, creador y crítico fabuloso, matemático y correlativo, millonario cajón de sorpresas, amigo del alma y amigo mío desde hace cincuenta y cinco años si mis cuentas no fallan".

El texto titulado "La alegría del Nobel", (1997: IV, 590-592) para celebrar el Premio a Vicente Aleixandre, "que no tiene enemigos ni envidiosos, porque al ser él el hombre más bueno del mundo no puede suscitar en los prójimos --"próximos" o "lexanos"-- tan bajos sentimientos. Ni siquiera entre los no españoles, aquellos que parecen sorprendidos porque no sabían nada de que existiese tan asombroso poeta, a pesar de que lleve medio siglo publicando libros maravillosos".

El titulado "Alberti, en España" (*ABC*, 27-5-1977) (1997: IV, 742-744) con motivo del regreso del autor de *Marinero en tierra*, muestra su emoción por poder reencontrarse con él y nos introduce en otro aspecto muy interesante: la relación Gerardo Diego-Rafael Alberti, que puede ser objeto de algún detenimiento.

Un punto de encuentro de máximo interés entre los dos poetas reside, justamente, en su admiración por Lope de Vega. Partimos de la idea, establecida con fijeza en manuales e historias de la literatura, de que Góngora fue el gran descubrimiento de los poetas del la generación de Gerardo Diego y Alberti, y no puede caber duda en que mucho hicieron por el poeta cordobés, en el que admiraron, si bien muy momentánea y circunstancialmente, sus atrevimientos lingüísticos. Pero el gran descubrimiento de esta generación fue Lope de Vega como poeta, la poesía de Lope, editada en aquellos años, en el marco del centro de Estudios Históricos, y para Clásicos Castellanos, por José Fernández Montesinos, Lector entonces en Hamburgo. En 1925 y 1926 aparecen los dos volúmenes que recogían la poesía lopesca, y entre la generación o grupo de los del 27, son Gerardo Diego y Rafael Alberti los que más hacen por afianzar y difundir el "descubrimiento" de la que, sin duda para ellos --y también para el que esto escribe-- es la mejor poesía del Siglo de Oro, la de Lope de Vega. Los testimonios y las coincidencias en ambos poetas en este aspecto son notables. En el caso de Gerardo Diego, sus estudios y su admiración hacia la lírica del Fénix culminan en su discurso de ingreso en la Real Academia Española sobre *Una estrofa de Lope* y su edición de las *Rimas* de 1602. En el caso de Alberti, ya se puso de relieve en su conferencia *La poesía popular en la lírica contemporánea*, pronunciada en le Seminario de Lenguas Románicas de la Universidad Friedrich-Wilhelms de Berlín, en 1932, pero más aún en su temprano e interesante estudio *Lope de Vega y la poesía contemporánea*, que publicó Robert Marrast en 1964. De la admiración que ambos tienen por Lope son muchos los testimonios. En el caso de Gerardo Diego en multitud de artículos y trabajos dispersos, y en el de Alberti en numerosas manifestaciones, que queremos resumir en un último testimonio recogido por María Asunción Mateo, que deja poco lugar a dudas. Al comentario de María Asunción "A ti Lope te entusiasma", Alberti contesta: "Hombre, Lope de Vega puede ser el más grande entre los grandes. Su singularidad es indiscutible, y no me refiero sólo a su obra, sino también a su persona, a esa enorme popularidad que tuvo en vida y de la que no todos los grandes poetas han podido disfrutar. Era una persona audaz, loca para muchos, insaciable de nuevas sensaciones. Un hombre que conocía al pueblo y sabía lo que este quería. Revolucionó el teatro de su tiempo con una valentía impresionante, con la seguridad del que admite que puede equivocarse y no le importa. De ahí su fecundidad casi monstruosa, su imparable impulso creativo. Él vuelve a enriquecer la poesía popular, la encandila con nueva lumbre, con un personalísimo acento." (1996: 210).

El 27 de abril de 1977 Rafael Alberti regresa definitivamente a España después de un largo exilio de casi cuarenta años. Su llegada al aeropuerto de Barajas, acompañado de María Teresa León, los homenajes que se sucedieron, su participación en las primeras elecciones generales de la democracia, con la obtención de un escaño de Diputado del Congreso por la provincia de Cádiz, son datos muy conocidos y presentes en la memoria de todos los lectores y admiradores del poeta gaditano. Con el regreso, se produjo el reencuentro de Rafael con muchos recuerdos, con muchos lugares y también con muchas personas, pero sobre todo con sus amigos de siempre. Y entre ellos, claro está, Gerardo Diego, con quien nuestro poeta había mantenido algún contacto desde la guerra civil. Se habían visto en Buenos Aires en 1959 y se vieron en Roma en 1967. En la biblioteca de la Fundación Rafael Alberti de El Puerto de Santa María, donde se conservan los libros personales del poeta gaditano, existen varias ediciones de Gerardo Diego dedicadas en los años sesenta, entre ellas, una de *Poemas adrede*, en la que se lee: "A Rafael. Con un abrazo romano. Gerardo. 1967", lo que confirma que ambos poetas se vieron en Roma en mayo de 1967, cuando Gerardo Diego viajó a la capital italiana para dar algunas conferencias, según consta en la "Cronología" de Elena Diego. Junto a esa edición, figuran otras fechadas el mismo año, enviadas sin duda a raíz de aquel encuentro. Así, *Mi Santander, mi cuna, mi palabra* contiene esta simpática y sin duda entrañable dedicatoria: "A Rafael del Puerto, este "hijo de Santander" abraza y dedica Gerardo. Septiembre 1967". Y *El Jándalo*: "A Rafael del Puerto, Gerardo de Santander. 1967". Agradezco al Profesor Gonzalo Santonja su amabilidad al mostrarme, en El Puerto de Santa María, estos ejemplares de la biblioteca de Alberti, cuya referencia pude incluir en la conferencia de Clausura de los III Encuentros con la poesía, que a continuación impartí, el 26 de julio de 1996. La presencia de Rafael Alberti en los actos finales de los Encuentros me permitió comentar con él algunos detalles de este estudio que fueron confirmados por el poeta, con la extraordinaria lucidez de sus noventa y tres años. En la referida biblioteca hay otro ejemplar de una obra de Gerardo Diego, que no puedo dejar de reseñar por su curiosidad: se trata de una edición de *Imagen*, dedicado por Gerardo Diego, en agosto de 1922, al escritor y periodista soviético Ilia Ehremburg. Cómo llegó ese libro a la biblioteca romana de Alberti es algo que está por saber.

La ocasión del reencuentro entre Alberti y Gerardo Diego se produce, en mayo de 1977, con motivo de la presentación de una carpeta de dibujos en una galería de arte de Madrid. Presente también Dámaso Alonso. Y el recuerdo queda en una crónica, a la que antes aludimos, escrita por Gerardo Diego para el diario *ABC*, titulada "Alberti, en España" (1997: IV, 742-744), y publicada el 27 de mayo de aquel año, al mes justo de pisar Alberti tierra española. Se trata de un artículo olvidado, que, sin embargo, adquiere un interesante valor histórico, porque expresa la satisfacción por un regreso "con auténtica alegría de todos sus amigos, los de siempre y los de ahora."

Los recuerdos comunes, a la altura de 1977, surgen en el artículo, con el nombre de los poetas del 27 aún vivos en esa fecha: "Ha sido una pena que no adelantase unos días su llegada o retrasase su partida Jorge Guillén para que hubiésemos podido reunirnos los cinco (con Dámaso Alonso, presente en el acto, y con Vicente Aleixandre, retenido en su convalecencia pero capaz de sostener una evocadora conversación) a quitarnos cincuenta años de encima y despacharnos a nuestro gusto "en la más estricta intimidad". Una pena pero así ha tenido que ser y confiemos que llegue pronto ocasión para celebrar el reencuentro de los cinco a quienes ya empiezan a llamarnos sobrevivientes."

Tras unos comentarios sobre su preferencia por el término "grupo poético" frente a generación del 27 que a ninguno le gusta --tampoco a Alberti según deja claro en diferentes lugares de su *Arboleda*-- hace un elogio muy personal y muy juicioso del poeta recién regresado: "Rafael Alberti es un poeta inmenso; y como todos los poetas originales, inmensurable. A un poeta no se le puede ni se le debe medir. A cada uno hay que aceptarle y admirarle y, sobre todo, leerle tal como él en sí mismo es en su ser y obra. Todo poeta, todo escritor, todo artista es falible y desigual a lo largo de su creación. La altura de su designio, de su propósito y el acercamiento o la posesión de meta es la única tabla de estimación posible. Y también, aunque esto sea menos definitorio, la fecundidad y la frecuencia de sus aciertos o de sus flechas que erraron el blanco. Alberti es, vuelvo a repetirlo, inmenso por todo ello. Por la belleza y profundidad de su mejor poesía, por su riqueza y variedad, por la virtud de su fecundidad en ella misma, y en su descendencia en la obra de los demás, ayudando a tantos muchachos a encontrar su propia voz."

Pero, claro está, para Gerardo Diego, admirador de Rafael Alberti, no sólo está la poesía: también la pintura, y justamente sus palabras de apoyo y de reconocimiento, son elaboradas por el poeta de Santander en unas fechas en las que él mismo ha escrito ya mucho sobre pintura y pintores contemporáneos y ha escrito muchos poemas dedicados a los artistas más brillantes de toda una promoción desde Picasso y Joan Miró a Juan Gris, Pancho Cossío, Piñole y tantos otros. Por ello sus palabras tienen un significado especial: "Es, además, un artista completo y en eso se parece a su primo Federico, sin que en ellos existiese influencia recíproca. Uno y otro fueron otro y uno desde su más temprana mocedad. Pero Alberti ha sido y sigue siendo, en su alma, verdadero pintor. Y capaz de interpretar poéticamente las otras artes y no solamente las del diseño. Yo contemplé, llevado a su casa por una mano amiga, un retrato de un amigo suyo que era mucho más que la obra de un artista aficionado. Luego resultó que le salió por encima la vocación poética. Sin embargo, su definida vocación no anuló en él al pintor, al artista de líneas y colores, y por eso sigue pintando, ensayando y decorando carpetas visibles e invisibles. Y si algún día las cosas le vinieran mal dadas, o tal vez le vinieron ya en días nefastos, se ganará la vida, como el duque de Rivas, con la pintura. Pero ahora hablar de lo que significa la pintura en la obra de Alberti no es posible. Yo he dado sobre este tema conferencias en que justísimamente el nombre capital en nuestro siglo era el del poeta de *A la pintura*; como el nombre supremo en el Siglo de Oro era el del poeta de *La hermosura de Angélica*."

Verdades incontestables contiene el párrafo antes transcrito y dice mucho en torno a la lealtad de Gerardo Diego hacia el arte múltiple y rico de Alberti, y lo prueba muy bien el texto inédito de la conferencia publicada parcialmente en Guatemala, que Gerardo Diego dio en los años cincuenta y sesenta en muchos lugares. En ella, como antes hemos avanzado, el nombre de Alberti era el más representativo de nuestro siglo. Y la emotividad del artículo no impide que se deslice otro rasgo de admiración que para Gerardo está muy claro a la hora de destacar su valor como poeta capital en nuestro siglo: la comparación con Lope era tan esperada como necesaria y el recuerdo del admirado Lope y su *Hermosura de Angélica* cierra este artículo que termina, definitivamente, con un bello párrafo de envío y complacencia en la edad, en la amistad y en la poesía, evocando las canciones de tipo tradicional, en concreto las canciones populares de bienvenida que ambos poetas conocen muy bien: "Sea bienvenido Rafael Alberti y que se quede entre nosotros. Y ya sabe lo que sentenció Fernando Villalón: "El mundo se divide en dos partes: Sevilla y Cádiz". Lo que no es óbice para un rinconcito en Castilla y otro en Roma, donde siempre le esperan tantos recuerdos compatibles con Andalucía y sus Andalucías: la alta, la baja y la intermedia."

Y Rafael Alberti quedó entre nosotros, felizmente para bien de la literatura y de la cultura de este país. Cuando Gerardo Diego murió en 1987, en el mes de julio de aquel año, los periódicos nacionales dedicaron semblanzas al poeta, y en las páginas que *ABC* reunió para esta despedida, Rafael Alberti publicó un espléndido artículo, recogido en "la tercera" del 11 de julio, en el que mostraba muchos pormenores de una amistad que había durado tantos años. Y recordaba anécdotas del pasado, reconstruía los detalles de la conmemoración gongorina, pero lo más interesante es la referencia al tiempo más cercano: "En los años de la ausencia, lo vi una vez, en Roma, donde fue a visitarme, y lo atendí con toda cordialidad"..."Cuando regresé del exilio, la bienvenida de Gerardo fue, por medio de un artículo publicado en *ABC*, una de las más efusivas que recibí". Y la emocionada, y definitiva, despedida: "La noticia de su muerte me llegó de madrugada, y, a pesar de saber que estaba muy enfermo, me impresionó y lo sentí muchísimo. Por eso hilvano estas palabras, porque como amigo suyo quiero que mi voz esté presente en estos días tristes para nuestra Literatura, ya que el poeta que ha muerto es uno de los grandes creadores de la literatura de este siglo".

La relación de Gerardo Diego con Federico García Lorca fue intensa a lo largo de los años, transcurridos entre los primeros veinte y 1935, diciembre. A través de muchos documentos de uno y otro poeta, podemos conocer pormenores que dan cuenta de una relación de aprecio y amistad. Pero, tras la muerte de Lorca, y tras la guerra civil, los testimonios de esta relación los obtendremos ya siempre a través de Gerardo Diego, que con frecuencia aludía a Lorca en sus textos en prosa, en sus artículos de prensa, introducciones y presentaciones. Nos vamos a referir ahora a algunos de esos textos, algunos de ellos también en forma de poema, porque Lorca fue objeto de diferentes retratos líricos por parte de Gerardo Diego a lo largo de los años: destaca en este sentido el poema "La voz de Federico", poema escrito en 1965, que incluyó en su libro *El Cordobés dilucidado. Vuelta del peregrino*, de 1966, y cuyo texto vamos ahora a recordar:

Qué pena que el archivo de palabra española
no captase en su cera la voz única.
Cuando todos nosotros sus amigos testigos
terminemos de morirnos,
con nosotros el timbre inolvidable,
sus inflexiones se desvanecerán.
Desvanecer, tremendo destino de lo humano,
y esta vez sin siquiera el engaño piadoso
del habla en noria atada
que gira y gira y gira desgastándose.
Como esa luz de estrella
que estamos contemplando y ya no existe.

Tan sólo su pianillo
cascabelero, fresco, exacto, ritmo puro,
nos sonoriza la memoria suya.
Y, sí, lo estoy viendo,
acercándose, todo luz, sonrisa
--triste sonrisa alegre, luz morena--.
Y le veo sentado
echando atrás por encima del hombro
--golpecito del dedo--
a ceniza del pitillo.
Pero es su voz, su voz la que me llega,
la que en mi oído vive,
su voz como encuevada, suavemente ronca,
de un tono pardo único,
y su recitación --música y gesto--

y sus ondeadas, íntimas carcajadas
--ejé, ejé, ejé--
celebrando sus anécdotas,
verdades milagrosas de lo increíble.
El día en que se invente, si se llega a inventar,
la poesía de palabra-ruido,
la música concreta del idioma,
podremos remedar su voz y su metal oscuro.

Háblame, Federico. Tantas noches
sueño que no te has muerto,
que escondido vivías y estamos en Granada,
una maravillosa Granada, tuya y mía,
y otra vez o la misma somos jóvenes
y nos contamos cosas, proyectos, dichos, versos.
Y tu voz suena y eres tú, gracias a ella.
¿Quién, ni en mundo de sueños, podría falsificarla?
Tu voz que me habla siempre, que me llama,
tu voz, sí, tu voz llamando,
tu voz clamando...

Igualmente, se conserva un texto de presentación de este poema que con el título también de "La voz de Federico" escribió Gerardo Diego para su programa de Radio Nacional de España *Panorama Poético Español*, que se emitía para Hispanoamérica (1997: IV, 428-430). Está fechado el 22 de octubre de 1965, y tiene un gran interés para comprender la génesis y el destino del poema antes transcrito: "Voy a recitar un poema mío. Lo acabo de escribir. Pero antes quiero decir unas palabras insistiendo en lo que constituye el motivo fundamental del poema: el misterio de la voz humana. Todos los aparatos del mundo, todos los nobilísimos esfuerzos de científicos e inventores no lograrán explicarnos la maravilla, la inagotabilidad, el prodigio secreto de la humana voz. Jean Cocteau tituló una de sus más ingeniosas obras teatrales, un monólogo, "La voz humana". Peor lo que Cocteau quería exaltar en su patético soliloquio de mujer no era el hecho diferencial de una determinada voz, su timbre inconfundible, su calidad de ejemplar único e irrepetible e inimitable. Y esto es lo que hoy a mí me interesa.

En el caso de mis versos elegíacos recordando a un querido amigo, a un hondo y ya legendario poeta, a Federico García Lorca, lo que persigo aparte de la ofrenda emocionada, es intentar --vano intento, lo sé-- captar algo de ese ser misterioso de una voz, de una entonación, de un gesto sonoro. Y la disculpa para mi audacia estará en que el sucedáneo de la grabación, aunque ya existiese cuando él vivía, no llegó por imprevisión de su prematuro fin, a aplicársele. Lo que hoy se consigue con los aparatos maravillosos de que disponemos es, si no la perfección de la realidad inmediata salvada, sí una aproximación muy emotiva y muy fiel. Pero cuando yo aludía a la imposibilidad de la explicación "de lo que pasa" en el aire cuando una persona habla, es algo muy distinto, algo que se resiste a todos los análisis y a todas las reproducciones. Los ingenieros acústicos, los fonetistas, los técnicos nos hablan de armónicos, de ondas, de interferencias y de yo no sé qué cuántos términos positivos y discriminables. Sin embargo, queda lo esencial sin aclarar, el espíritu que anima ese metal de voz, el grafismo personal de la entonación, los inapresables ecos del ámbito herido por la palabra dicha por un hombre. Y cuando este hombre es un poeta, un verdadero poeta, no un hombre que hace versos, y cuando está signado por la tragedia, entonces... pero ¿para qué seguir? Vamos a ver si mi verso puede más que mi prosa".

Uno de los testimonios últimos de Gerardo Diego sobre Lorca es de 1982 y contiene, junto a los habituales recuerdos personales, un estupendo estudio literario, y también en cierto modo musical, sobre el *Llanto por Ignacio Sánchez Mejías*. Lo realizó Gerardo Diego por encargo de la Casa-Museo de José María de Cossío de Tudanca (Santander) con motivo de la edición facsímil del manuscrito del poema lorquiano, y en el volumen realizado colabora Gerardo junto a otros poetas de su generación: Dámaso Alonso, Jorge Guillén, Rafael Alberti... Titula Diego el trabajo "El *Llanto*, la música y otros recuerdos", y, en efecto, en él vierte en primer lugar los recuerdos, aunque no con tanta precisión como en otras ocasiones, prefiriendo dedicar sus páginas al ya citado estudio literario. Aun así, en la parte de semblanza destacan referencias alusivas a lo sincero de una amistad que tenía como punto de unión la música: "Por los años de 1931 a 1935 se acumulan y enriquecen las conversaciones entre Federico y yo. Las cuales muchas veces se centraban en la música o alternaban con ella misma en persona, al tocar en el piano, él sus deliciosas y admirables improvisaciones amenizadas de cantos y bailes populares, y yo mazurcas de Chopin o preludios de Debussy". Primero en el piano Pleyer de la Residencia de Estudiantes, luego, "en los años ya republicanos", en "un pianillo vertical en el que, en su piso alquilado de la calle de Goya, fue confidente de nuestros entusiasmos y gozos musicales. El piso era interior y orientado a sur, y el sol alegraba unos jardines y acariciaba y calentaba el cuartito."

Y el humor, que en las páginas precedentes se ha hecho tan patente como base de esta relación de amistad, vuelve a surgir en el recuerdo de estos momentos evocados: "Uno de los temas que volvían una y otra vez a nuestros labios era el de la libertad estimativa para divertirnos con la música llamada mala, e incluso con la poesía que a tantos santones indignaba porque la condenaban sin remisión por las mismas ingenuidades que a nosotros nos encantaban."

Hay otros aspectos de orden literario que son de interés: y entre ellos destaca la relación con el *Llanto por la muerte de Ignacio Sánchez Mejías* de un poema de Lorca enviado por el poeta para la *Antología* que Gerardo Diego publicó en 1932 de poetas contemporáneos. Justamente la relación parece obligada, porque el poema se titula "El Llanto", y Gerardo Diego considera que "es bellísimo, estremecedor e inevitablemente nos hace pensar en el "Llanto por Ignacio Sánchez Mejías". Y, así es en efecto, si leemos su texto:

He cerrado mi balcón
porque no quiero oír el llanto;
pero por detrás de los grises muros
no se oye otra cosa que el llanto.
Hay muy pocos ángeles que canten,
hay muy pocos perros que ladren,
mil violines caben en la palma de la mano;
pero el llanto es un ángel inmenso,
el llanto es un perro inmenso,
el llanto es un violín inmenso,
las lágrimas amordazan al viento,
y no se oye otra cosa que el llanto.

Son interesantes otros aspectos comentados por Gerardo en torno al genial poema dedicado a Sánchez Mejías, desde un punto de vista literario e incluso histórico: así, la utilización de la hora, las cinco de la tarde, con la presencia de la palabra cinco, compuesta por cinco letras, y relacionada por Diego con *Así que pasen cinco años*, que justamente se subtitula "Leyenda del tiempo en tres actos y cinco cuadros". Y datos para la historia: Gerardo Diego asistió a la primera representación de *Así que pasen cinco años* por el grupo escénico del Instituto Francés en su nuevo (entonces) local del Parque "Conde de Orgaz". Unos años después se representaría en el Teatro Eslava. Más datos históricos suministrados por Gerardo: Lorca, como es sabido, quería situar al frente del *Llanto*, una serie de lemas de diversos poetas, clásicos y contemporáneos, sobre la Muerte en la poesía, uno de ellos de Gerardo Diego. Aunque Lorca desistió, le hace el recuerdo evocar a Diego la condición de poeta triste asumida por el propio Federico, y así se lo dijo cuando celebraba el poeta granadino lo acertado de su selección en la *Antología* de Gerardo Diego: "Te estoy muy agradecido por la selección que has hecho de mi poesía en tu libro. Me hallo perfectamente representado. Yo soy así como tú me has visto. Porque contra lo que la gente cree yo no soy un poeta alegre sino un poeta triste."

Finalmente, son de interés en este artículo las consideraciones de Gerardo sobre la condición musical del *Llanto*, aunque advierte que no necesariamente hay que relacionar el poema con el esquema de una sinfonía o de una sonata para advertir la sustancia musical que la obra posee. "Para mí no hay duda de que el "Llanto" se fue componiendo en esa semiinconsciencia que se sumerge el auténtico poeta que avanza como entre nieblas --nieblas luminosas-- a lo largo de su espacio, tiempo y ritmo en una unidad no interrumpida de impulso y corazón."

El final el artículo, que reproducirá el 12 de agosto de 1984 en *ABC*, en versión resumida, contiene la atribución de los versos que Federico dedicara a Ignacio Sánchez Mejías: "Sí. Es verdad. Doble verdad porque los versos indelebles se aplican ya al diestro ya al poeta:

Tardará mucho tiempo en nacer si es que nace
un andaluz tan claro, tan rico de aventura

Estamos, pues, ante un conjunto de artículos que no vamos a dudar en calificar de excepcional, por la variedad de temas, por el tino de su tratamiento, por la honradez y moralidad con que son tratados y por el reflejo de una serenidad en su visión de la realidad, de las realidades de cada día, que los hace estimulantes. Fechas muy diversas son las de publicación de estos artículos. España, la España que Gerardo Diego vio evolucionar desde los años veinte y treinta hasta los años de su vejez, ya entrada la década de los ochenta de nuestro siglo, es la que está presente en esta actualidad escrita y fijada a una sola potencia del alma, la memoria, aunque también, claro está, el entendimiento —y con qué finura y acierto-- y la voluntad de comunicarse cada día, cada semana con sus lectores y hablar de algo.

8
HUMOR

Son muchos los datos y documentos que nos aseguran que uno de los aspectos más ricos de la vanguardia y de la literatura del 27 es el humor. Humor y vanguardia son dos conceptos aunados desde hace mucho tiempo en la bibliografía especializada, que ha aportado estudios definitivos a este terreno literario. La aparición en 1996 del libro de Rosa María Martín Casamitjana, titulado *El humor en la poesía española de vanguardia*, sistematizó nuestros conocimientos sobre un terreno hasta entonces tan disperso como amplio. A través de sus páginas, es posible acceder al conocimiento organizado de este importante fenómeno de la vanguardia. Bien sustentando los conceptos básicos, a los que dedica los primeros capítulos, bien desarrollando a través de obras y autores su aproximación a los terrenos del humor, lo que ocupa la parte más importante de todo el libro. La comicidad, el humorismo, la sátira, el sarcasmo, la parodia, la caricatura, lo grotesco, el absurdo, el humor negro, la ironía, el chiste constituyen algunos de los aspectos de la terminología del humor analizada por la autora de manera rigurosa. Pero más interesante es quizá su aproximación al desarrollo del humor a lo largo de la poesía vanguardista y del 27 entre 1916 y 1936.

Otro documento fundamental para el conocimiento del mundo del juego en la vanguardia, lo constituye la edición definitiva, en español, del volumen editado por Gabriele Morelli, titulado *Ludus. Cine, arte y deporte en la literatura española de vanguardia*, que apareció en el año 2000, en el que no son pocos los trabajos dedicados al humor, además de numerosos estudios dedicados al cine y al deporte, componentes innovadores sin duda alguna del refrescante y poco convencional mundo del arte de vanguardia. Estudios sobre el humor en Gómez de la Serna, las cenas surrealistas en la Sevilla del 27, la literatura lúdica de Picasso, o la prosa lúdica de Dámaso Alonso coinciden en el libro con artículos que se acercan directamente a la poesía de burla y sátira, como un estudio dedicado a las jinojepas de Gerardo Diego o los carteles literarios de Giménez Caballero.

La bibliografía sobre humor y vanguardia es más amplia, sin duda. Por eso en este capítulo me voy a limitar a estudiar un aspecto apuntado por Martín Casamitjana en su libro y desarrollado por ella muy someramente. La importancia en el campo del humor vanguardista de algunos documentos del 27, partiendo de la revista *Lola*, suplemento de una revista fundamental en la hemerografía de la época: *Carmen* de Gerardo Diego, publicada en Gijón-Santander, en 1927-1928. *Lola* se inicia con una aleluya muy del Gerardo Diego jocoso de aquellos años (1996: III, 767):

> Sin temor a los líos que se armen,
> desenvuelta y española,
> aquí tenéis a Lola
> que dirá lo que debe callar Carmen.
> No estaba bien –señores, no se alarmen–
> una muchacha –la inocente– sola.

Para entender el significado de *Lola*, hemos de volver a 1927 y a las conmemoraciones gongorinas. Gerardo Diego reproduce, en el número primero de *Lola*, la carta que escribieron como convocatoria del homenaje. La firmaban Jorge Guillén, Pedro Salinas, Dámaso Alonso, Gerardo Diego, Federico García Lorca y Rafael Alberti. Estaba fechada en Madrid el 27 de enero de 1927 y un "post-scriptum" indicaba: "Su trabajo puede enviarlo a nombre de Rafael Alberti, Lagasca, 101." Se convocaba a las celebraciones que debían coincidir con el 23 de mayo. Y en *Lola* se cuentan las cosas que, en efecto, se hicieron ese 23 de mayo, empezando por el "auto de fe" celebrado en la Plaza Mayor de Madrid al atardecer de ese día. El tribunal, como recuerda el poeta de Santander, "lo constituían los tres mayores gongorinos", y que no eran otros que Dámaso Alonso, Gerardo Diego y Rafael Alberti", continuando con los ya conocidos "juegos de agua", que Alberti ha contado en numerosas ocasiones y que Gerardo Diego con divertidos eufemismos relata así: "Juegos de agua.- De este festejo, muy Felipe IV, se encargaron los más arriesgados y tiernos gongorinos. Y en la noche memorable fueron decoradas las paredes de la R.A.E. (Real Academia Española) con una amorosa guirnalda de efímeros surtidores amarillos. El caudal sobrante se distribuyó entre algunos monumentos públicos". Y la crónica continúa dando cuenta de los escasos actos que tuvieron lugar en distintos lugares de España, las publicaciones aparecidas y alguna nota más. El final, no puede ser más divertido y propio del medio en que se publica, la revista *Lola*:

> Escena última.
> Yo: –Qué ganas tenía de quedar libre de este gran pelma de don Luis.
> Alberti: –Hasta la coronilla, chico. ¡Qué lata!
> (Dámaso refunfuña).

Uno de los aspectos más divertidos de la revista son los poemas que aparecen recuadrados en sus números. Así en el primer número aparece esta curiosa letrilla, sin duda obra de Gerardo Diego, aunque firmada por "Chiclet" titulada "El espectorador y la saliva", que pone en solfa nada menos que a Don José Ortega y Gasset, que en su libro *El espectador* se había referido a "…los poetas que salivan su poemilla"… La respuesta de *Lola* fue contundente (1996: III, 711-712):

> …los poetas que salivan su poemilla
>
> ("El Espect.")
>
> … un mundo a la deriva empujados por
> pájaros que cantan sin saliva y por sport
>
> (De "el Muñoz Seca de la poesía según "Azorín".)

Dice el espectorador
que carraspeos y flemas
pueden dar a los poemas
el líquido fijador.
Frase egregia, sí señor.
Todo el que versos escriba
¿con qué los hará mejor?
    con saliva.

Ya lo sabéis, oh poetas.
Cuidad, no os quedéis pobres.
No la malgastéis en sobres,
ni en sellos, ni en malas tretas.
Los versos de las cuartetas,
los de la décima esquiva,
¿con qué "pegarán" mejor?
    con saliva.

Y a la morosa novela,
y al cinemático drama,
y a la conferencia en rama,
y al ensayo de canela,
Digaisme: Morente o Vela,
Ors u Ortega ¿Qué expansiva
secreción les va mejor
    que la saliva?

Viva la filosofía
de moda a lo Jorge Simmel.
Viva el folletón con rimmel
y la glosa con su tía.
Poetas, escupid poesía.
Y que nadie os prohíba
untar bien el borrador
    con saliva.

Otro poema muy divertido, y que constituye la primera vez en que Gerardo Diego utiliza el término jinojepa, es la "Serranilla de la jinojepa", que recoge el número 2 (1996: III, 712-713):

Musa tan fachosa
non vi en la Poesía,
como la Hinojosa
de José María.
Faciendo la vía
desde el surrealismo
a California
—y lo cuenta él mismo—
por tierra fangosa
perdió la sandía
aqueste Hinojosa
de José María.

Cerca del Moncayo
—forzoso es decillo—
topó a su tocayo
Pepe el Tempranillo.
Y dice la glosa
que no le creía
el otro Hinojosa
de José María.

En un reservado
con varios pintores,
con Joaquín Peinado,
con Francisco Bores
y Apeles Fenosa,
retratos pedía
el buen Hinojosa
de José María.

En la catoblepa
se encontró a Picasso
y díjole: —Paso.
Europa es ya Eurepa.
Y viva la Pepa.
Ya no hay más poesía que la Jinojepa
de José María.
             E Marqués de Altolaguirre

NOTA.- El célebre Tempranillo se llamaba también José María Hinojosa.

Señala Rosa María Martín Casamitjana que "la burla iba firmada por *El Marqués de Altolaguirre*, pero el comentario dolido de Manolo Altolaguirre a propósito del caso en sus memorias descarta la posibilidad de que fuese él el autor de un poema tan ofensivo contra Hinojosa, al que describe como "un hombre muy bueno" (1996: 322) Y añade en nota las siguientes manifestaciones de Altolaguirre: "Había motivos suficientes para que la poesía de José María Hinojosa no fuera recibida con la estimación que creo que merece. El que fuera poeta rico le perjudicaba y el que fuera, además, generoso motivaba las más violentas envidias". A su generosidad —añade Martín Casamitjana— alude la versión de una de las estrofas que, quizá por error, cita Altolaguirre." Y, a continuación, transcribe la que antes hemos reproducido "… En un reservado / con varios pintores…" (1996: 322).

Hemos de destacar de una forma muy clara que el mundo de la jinojepa se configura como un espacio para la broma en amistad, ya que este tipo de poema, como otros muchos jocosos de Gerardo Diego, son poemas hechos en amistad, para divertirse entre amigos, y que difícilmente podían llegar a producir un disgusto serio. De ello presumía Gerardo Diego –y la verdad que hay que alabar su diplomacia y acierto para burlarse sin herir– cuando aseguraba que ni Juan Ramón Jiménez, ni Ortega y Gasset, ni por supuesto ninguno de los restantes amigos, que habían sido objeto de sus jinojepas, le guardaron ningún rencor (1997: 27). Él simplemente las denomina, en sus páginas explicativas de sus *Poesías completas*, "una sucesión de bromas, en el tono bien conocido desde siempre de lo que por lo menos desde los clásicos griegos y latinos, admite las variantes más caprichosas para su nomenclatura, aunque mantenga una elástica unidad de humor ingenioso y burlón" (1996: III, 703).

Otro texto recuadrado en *Lola*, número 2, es la celebrada "Declinación de Chabás", cuyo protagonista no es otro que el escritor de la generación Juan Chabás Martí, considerado en su tiempo como un gafe y evitado por todos, como más adelante tendremos ocasión de volver a señalar. En este caso se recoge la declinación, sin más explicaciones:

SINGULAR	PLURAL
Nom.- Chabás	*Nom.*- Aprile
Gen.- Chalás	*Gen.*- Velaggio
Dat.- Mabús	*Dat.*- Palazzeschi
Acus.- Chavá	*Acus.*- Bontempelli
Voc.- Chaves	*Voc.*- Pensile
Abl.- Chafás	*Abl.*- Don Giovanni

NOTA.- El *Singular* está compuesto por erratas de imprenta rigurosamente históricas. Para estudiar el *Plural*, de tan sorprendente irregularidad, se ha constituido una comisión de filólogos, formada por los señores Vighi, Vegue Goldoni, Alberti, Sassone y Pittaluga.

Tanto nombre italiano hace alusión, sin duda, a la estancia en Italia, por aquellos años, de Juan Chabás, que había sido profesor en Génova y que fue expulsado de Italia en 1926 debido a unas crónicas escritas para la prensa sobre el fascismo. El chiste final reside en ese comité en el que figuran todos los famosos de la vida intelectual de aquellos años que tenían apellido italiano, entre ellos Rafael Alberti o Francisco Vighi.

Las sátiras humorísticas a otros personajes de la época, no están ausentes de la revista *Lola*. Rosa María Martín Casamitjana destacó en su libro sobre *El humor en la poesía española de vanguardia*, como parodia de géneros y estilos literarios y como parodia al servicio de la sátira, algunos de los poemas que figuran en *Lola*, y en especial la burlesca "Serranilla de la Hinojosa" del Marqués de Altolaguirre y otros. Como indica la citada estudiosa, "también a través de *Lola* recibieron su varapalo en verso paródico Giménez Caballero y Guillermo de Torre en una "Oda a Ge-ce-be-de-o y Ge-de-te-be-o", cuyo título no es sino un juego de palabras con el seudónimo literario de Ge-cé y el Zebedeo de la "Oda a Santiago" de Fray Luis de León. El mismo juego aplicado a las iniciales de Guillermo de Torre (Ge-de-Te) provoca el subsiguiente y cómico "Ge-de-te-beo". La oda conserva el esquema métrico y rítmico, así como algunos versos en cursiva del poema original." (1996: 323). Y "En esta misma línea paródica se inscribe el pastiche gongorino de la "Jinojepa de los Altolaguirres", en el que el poema de don Luis "No son todo ruiseñores" da lugar a un comentario en verso sobre la semejanza asombrosa entre Manuel Altolaguirre y los más jóvenes poetas sevillanos:

> No son todo juanramones
> los que cantan, ni villalones,
> sino altolaguirres de plata,
> pómulos, ojos menudos,
> sino altolaguirres de oro,
> afligidos, agudos,
> que entran, salen por el foro.

Uno de los más interesantes documentos para mostrar la amistad y buen humor que regía las relaciones entre estos poetas, y en este caso particular entre Gerardo Diego y Rafael Alberti está representado por una colaboración entre ambos, titulada "Variaciones a cuatro manos", de la que es muy conocida la parte debida a Rafael Alberti, aunque escasamente la parte escrita por Diego así como otros detalles referentes a su gestación y publicación.

Efectivamente, el número 5 de *Lola*, de abril de 1928, se publica, con el título conjunto de "Variaciones a cuatro manos", el poema, sin firma en esta revista, pero de Rafael Alberti, titulado "¡El tonto de Rafael! (Autorretrato)", poema bien conocido de los lectores del poeta del Puerto de Santa María:

> Por las calles: ¿Quién es aquel?
> – ¡El tonto de Rafael!
>
> Tonto llovido del cielo,
> ¡del limbo! sin un ochavo.
> Mal pollito colipavo,
> sin plumas, digo, sin pelo,
> ¡Pío-pío!, pica, y al vuelo
> picos le pican a él.

El poema cuenta con una segunda parte, sin firma, también, pero de Gerardo Diego, titulada "¡El tonto de Rafael! (Retrato por un fotógrafo al minuto)". El fotógrafo "al minuto", naturalmente, es el propio Gerardo, que inicia su poema con una cita "Míralo por donde viene: el faisán de Alberti, él." de "El *malange* de Rogelio"; y el siguiente texto (1996: III, 716):

> Azul –mi vida–baranda,
> ya, barbilampiño, tú
> –Mis X, Mister K,Q.-
> Dime, di ¿quién te lo manda?
> Dime, anda.
> Que yo vi el ángel de miel,
> tonto el ángel, tonto él.
>
> Si Garcilaso volviera,
> no serías su escudero.
> Serías su repostero
> o el que la barba le hiciera.
> Guardabarrera,
> tú, junto al paso a nivel.
> Tonta ella y tonto él.
>
> Menta, ciruelas, caireles,
> sirenita le arrebata
> ¿cómo? ¿qué? ¿quién? ¿cuál? La nata,
> la flor de los moscateles.
>
> Los conteles,
> cantinero Rafael,
> tonto el barman, tonto él.

En carta a José María de Cossío, Gerardo Diego escribe el 29 de abril de 1928 a su amigo en Tudanca y entre otras cosas le encarga: "Dile a Rafael que ya está *Lola* preparándose a salir en Sigüenza con las dos versiones del "Tonto", la suya y otra de un fotógrafo al minuto." (1996: 171). En 1928, Rafael Alberti pasó una larga temporada en La Casona de Tudanca invitado por Cossío. Allí escribiría, como es sabido, *Sobre los ángeles* y con Cossío participaría en diversas actividades y asistiría a espectáculos, a los que en alguna ocasión se unía, una vez terminado el curso en el Instituto "Jovellanos" de Gijón, Gerardo Diego. Así el 29 de junio de 1928 asisten Cossío, Alberti y Gerardo a la final de la copa de fútbol en el Sardinero. Alberti y Gerardo viajarían juntos, el día 30, a Madrid para seguir a Barcelona Gerardo con el fin tomar el barco que le habría de llevar a un largo viaje por Argentina y por Uruguay. Alberti daba por finalizada su estancia en Tudanca y pide a Diego que viajen juntos. Así consta en el pié de una carta de Cossío a Gerardo de 25 de junio. Para la autoría de los dos textos, hay información en el prólogo de la edición facsímil de *Carmen* y *Lola*, en el que Gerardo Diego asegura, en 1976: "Doy fe de que es legítimo parto natural de "el tonto de Rafael" en su primera parte y de Jaime de Atarazanas en la segunda" (1976: 31). Jaime de Atarazanas es efectivamente el seudónimo o heterónimo que utiliza Gerardo Diego para sus poesías de broma a partir de *Lola* y que seguirá utilizando siempre.

El poema de Rafael Alberti puede leerse en las ediciones de *El alba del alhelí* a partir de la edición de *Poesía (1924-1930)*, publicada en Madrid, Cruz y Raya, Ediciones del Árbol, 1934, pero no el la primera edición, justamente la que publicó José María de Cossío en su colección "Libros para amigos", donde *El alba del alhelí* aparece en octubre de 1928, como número 11 y último de esta hoy rarísima e inencontrable colección, en la que Gerardo Diego había publicado su libro *Soria* en 1923 y su edición de la *Égloga a la muerte de doña Isabel de Urbina* de Pedro Medina Medinilla. Sabemos, por la correspondencia de Cossío-Diego, que *El alba del alhelí* sufrió "un desgraciado retraso" (1996: 240) y apareció mucho más tarde de lo previsto "tras superarse incontables vicisitudes editoriales" (1996: 240).

El poema del "tonto" y su variación gerardiana tuvo sus consecuencias, ya que en el siguiente número de *Lola*, el último, aparece como "traca final" en palabras de Gerardo, la "Tontología", antología de poemas tontos recopilada por el poeta de Santander, quien justifica en 1976, así la gracia de su ocurrencia: "Si Alberti se había definido como "el tonto de Rafael", ¿por qué no podía yo erigirme en el cronológicamente primer tontólogo del mundo?" (1977: 31). La idea era recoger poemas "tontos" o malos de poetas buenos, no de poetas malos, y en esta tarea emprendida por Gerardo Diego colaboraron Jorge Guillén, Dámaso Alonso y Rafael Alberti. Así lo explica el propio Diego en el prólogo de su "Tontología": "Desde luego, hubiese sido sencillo publicar versos malos de poetas malos. Pero eso no tenía gracia. En cambio, resulta de una conmovedora edificación el recoger algunos de los muchos resbalones de los poetas capaces de escribir versos buenos (No estoy muy seguro de que los hayan hecho alguna vez, ni Pérez de Ayala, ni Gerardo Diego, ni Díez-Canedo. Pero se incluyen en el tontilegio versos suyos, entresacados al buen tun-tun, a petición respectivamente de Jorge Guillén, Dámaso Alonso y Rafael Alberti)."

Y ahí está esa magnífica tontología, hoy tan olvidada, donde Gerardo Diego recoge de sus poetas preferidos, sus amigos y contemporáneos, los poemas más tontos que imaginarse puede. Los poemas "tontologados" o "antologados" pertenecen a Antonio Machado, Manuel Machado, Juan Ramón Jiménez, E. Díez-Canedo, Ramón Pérez de Ayala, Pedro Salinas, Jorge Guillén, Gerardo Diego, Manuel Altolaguirre, Federico García Lorca (desde luego, entre otros, su "Canción tonta"), Dámaso Alonso y, por último, Rafael Alberti, de quien se recogen tres canciones de *Marinero en tierra* y "La perejilera","Cangrejos" y "Despedida", estos últimos pertenecientes a *La Amante*.

He aquí algunos de los ejemplos escogidos. De Antonio Machado:

En esta España de los pantalones
lleva la voz el macho;
mas si un negocio importa
los resuelven las faldas a escobazos.

De Manuel Machado, "Las mujeres de Romero de Torres", con una simpática nota:

> Rico pan de esta carne morena, moldeada
> en un aire caricia de suspiro y aroma…
> Sirena encantadora y amante fascinada,
> los cuellos encarnados, de sierpe o paloma…
>
> Vuestros nombres de menta y de ilusión sabemos:
> Carmen, Lola…

Y la nota: "(¡Alto ahí! Que *Carmen* y *Lola* no han posado jamás para Romero de Torres").

De Juan Ramón Jiménez, este poema, entre otros, "El momento", de *Piedra y cielo*:

> ¡Que se me va, que se me va, que se me va!
> … ¡Se me fue!
> ¡Y con el momento,
> se me fue la eternidad!

O este otro, "El clavo", de *Segunda antología poética*:

> Clavo débil, clavo fuerte…
> Alma mía ¡qué más da!
> fuera, cual fuera la suerte,
> el cuadro se caerá.

O esta "Poesía", de Jorge Guillén, publicada en la revista *Alfar*, número 42:

> Allá a la vuelta, de una vez: un mero
> Callejón si salida…
> Narciso en fuga de su ser postrero:
> Callejón si salida…
> A bulto pululante en tilde y risco:
> Callejón si salida…
> En pulcritud prolijamente arisco:
> Callejón si salida…
> Acaso descorchado, nunca parco:
> Callejón si salida…
> Terne el corcho, aunque torpe, sobre el charco
> Callejón si salida…
> Perdidizo, sin tardes, cejijunto:
> Callejón si salida…
> Embozado, por sí nocturno, punto:
> Callejón si salida…

De Federico García Lorca, "Estampa del cielo", tomada del número 8 de *Verso y Prosa*:

Las estrellas
no tienen novio.

¡Tan bonitas
como son las estrellas!

Aguardan un galán
que las remonte
a su ideal Venecia.

Todas las noches salen
a las rejas.
—¡Oh cielo de mil pisos!—
Y hacen líricas señas
a los mares de la sombra
que las rodean.

Pero aguardar, muchachas,
que cuando yo me muera
os raptaré una a una
en mi jaca de niebla.

Y finalmente, una anotación sumamente curiosa: De Dámaso Alonso, se recogen tres poemas. El primero, de *Poemas puros*:

Novia, si eres triste, novia;
novia, si eres triste, mía:
toma las estrellas pequeña
de mis poemillas.

Mira, me la dio mi madre
porque yo era bueno, un día…
Y yo la puse en mis versos…
¡pues te la regalo, mira!

Novia, si eres triste, novia.

Además de dos "Coplas", tomadas del número 3 de *Verso y Prosa*:

Toda la noche he tenido
en mi regazo un lucero;
cuando se quedó dormido
lo envolví con un pañuelo.

Y

Ábreme los ojos
sobre este dolor
acaricialó
con tu claridad.

Dos canciones, en efecto, bien tontas, pero que si acudimos al número tres de *Verso y Prosa*, no están firmadas por Dámaso Alonso (El maestro de filólogos no publicó en *Verso y Prosa* nada más que una "prosa", "Acuario en virgo", por cierto de un gran interés desde el punto de vista lúdico), sino por Juan Chabás y Martí. ¿Fue esta otra broma más de Gerardo Diego? ¿Quiso así reproducir dos canciones tontas de Juan Chabás, sin nombrarlo, por su condición indeleble de gafe oficial? Nunca lo sabremos.

En un último ejemplo, recordemos este último poema "tonto" de Rafael Alberti, con el que se cierra la antología. Su título, "Despedida", de *La amante*:

> ¡Al sur,
> de donde soy yo,
> donde nací yo,
> no tú!
> —¡Adiós, mi buen andaluz!
> —Niña del pecho de España,
> ¡mis ojos! ¡Adiós, mi vida!
> —¡Adiós, mi gloria del sur!
> —¡Mi amante, hermana y amiga!
> —¡Mi buen amante andaluz!

Y una nota jocosa final para terminar: "Y después de esta despedida tan conmovedora que es también de *La Amante*, pg. 89, *Lola* también se despide.- ¡Adiós, prenda! - ¡Adiós, que se nos va, que se nos va, que se nos va! - ¡Adiós mi infierno del norte! ¡Adiós!"

La "Tontología" recoge también en sus páginas en recuadro "Una variante de la jinojepa", un texto muy interesante relacionado con el origen de la palabra jinojepa, cuyo origen como palabra inventada Gerardo Diego atribuye en su *Poesía completa* a la anécdota que figura en este recuadro, pero a la otra variante. Veamos el texto tal como figura en *Lola:*

> (Lugar del suceso: El Instituto de Jovellanos, el 4 del presente mes de junio).

> El profesor: Dígame alguna poesía del Marqués de Santillana.
> El examinado: Las famosas Serranillas.
> El profesor: ¿Recuerda usted alguna?
> El alumno: Moza tan fermosa non vi, non vi…
> El profesor: non vi en la frontera…
> El alumno: como una vaquera de la filoxera.

> (El alumno recibió la nota de sobresaliente y el nombramiento de colaborador honorario de Lola).

Cuando Gerardo Diego escribe los textos introductorias de sus *Obras completas*, pocos años antes de morir y que yo reproduje en la edición de 1989 y en la edición de 1996, señala al prologar los libros dispersos de sus *Hojas*, y en concreto el apartado dedicado a *Jinojepas (1927-1957)*, lo siguiente: "He aquí lo que ocurrió. Pregunta el profesor: ¿Qué sabe usted del Marqués de Santillana? - Silencio – ¿Recuerda alguna poesía suya, por ejemplo alguna serranilla? – Silencio _ ¿La de la Vaquera de la Hinojosa? El alumno se inquieta, algo le inquieta pero no logra reproducir el primer verso.- El profesor.- Yo le ayudaré: Moza tan fermosa... Alegría del alumno. Ya atrapó la punta del cabo: Moza tan fermosa – non vi en la frontera... Bache... Siga, siga... Alumno: como una vaquera... Nuevo bache y nueva incitación... Y el milagro sobreviene: Alumno: de la Jinojepa" (1996: III, 704).

Pero la historia de los tontos y la poesía no acaba aquí. Todavía Rafael Alberti durante 1929 escribió una serie de poemas de carácter humorístico sobre los tontos del cine mudo, empezando por Charles Chaplin y continuando por Buster Keaton o Harold Lloyd, que fueron reunidos por primera vez como libro en la edición de *Poesías (1924-1930)*, con el título, tomado del drama de Calderón de la Barca, *La hija del aire*, donde el gracioso lo dice en unos versos, que pasaron con su longitud a título del libro albertiano: *Yo era un tonto y lo que he visto me ha hecho dos tontos*. En 1967 lo explicaba Rafael Alberti: "Nunca he rechazado la broma, el divertimiento poético, que de cuando en cuando se presenta en mí bajo diversas formas y exigencias. Vivíamos entonces la Edad de Oro del gran cine burlesco norteamericano, centrada por la genial figura de Charles Chaplin... Yo entonces intenté este libro, que dejé apenas esbozado, sobre estos maravillosos tontos del cine mudo, para los que aun guardo en mi corazón una flor de ternura" (1988: I, 483)

Hay algún otro documento interesante entre los que se produjeron aquel 1927 y que revela la amistad y el buen tono de las relaciones entre los poetas, en este caso entre Gerardo Diego y Federico García Lorca. El caso es que entre las jinojepas que figuran en *Obras completas* de Gerardo Diego se halla recogido un "Romance apócrifo de Don Luis a caballo", que se publicó en *La Gaceta Literaria* en 1927 con la firma de Federico García Lorca, pero en *Obras completas* de Gerardo Diego se editó con una nota que se reprodujo siguiendo las instrucciones del poeta que dice: "Apócrifo de Jaime de Atarazanas en *La Gaceta Literaria*, número del centenario de Góngora" (1996: III, 710). La autoría está clara, ya que Jaime de Atarazanas era el seudónimo que siempre utilizó Gerardo para firmar sus "jinojepas", y vuelve a ser prueba de la autenticidad de su autoría el hecho de que Diego lo incluyera en sus *Obras completas*, aunque en *Lola*, cuando relata la crónica de las celebraciones del centenario gongorino, señala que fue una broma "que le gastamos" a Lorca por no enviar su adhesión al homenaje del centenario. Como ocurre con otros poemas parecidos de esta época, lo de la autoría colectiva no es tan patente, aunque sí parece colectiva la intención de enviarlo al homenaje de Góngora en la citada revista. El romance es, como era de esperar, una feliz parodia del mundo del *Romancero gitano* que, aunque aún no se había publicado el libro, que aparecería en 1928, ya era muy conocido, por la aparición de algunos de sus poemas en las revistas de esos años. Recordemos el texto (1996: III, 709-710):

ROMANCE APÓCRIFO
DE DON LUIS A CABALLO

Por el real de Andalucía
marcha don Luis a caballo.
Va esparciendo su manteo
negra fragancia de nardos
y luciendo su repertorio
en los pliegues de sus paños
el viento, escultor de bultos
y burlador de romanos.
Dos amorcillos, hijuelos
del amor abanderado,
le van enjugando perlas
del noble sudor del cráneo
con pañuelos de estameña
de rayadillo y cruzados.

¿Quién es la niña morena
que va a deponer el cántaro
a la fuente que le dicen
la Fuente de los Espárragos?
—Felices, don Luis de Góngora,
¿no me conoce su garbo?
—Ay, si es mi colmeneruela
del corpiño almidonado.
Ya don Luis se apea airoso
del estribo plateado
y ella le nieva la bota
con el sostén de su mano.

Un rumor de galopines
galopantes, galopando
entre los olivos vienen
con los trabucos terciados.
—¿Quiénes son los tres barbianes?
¿Quiénes son los tres serranos?
—Son tres flamencos de Flandes
que instalaron un semáforo
para dar órdenes falsas
a los vientos y a los barcos.
Ya se acercan, cataduras
feas, ceños renegados.
barba que tarde o que nunca
peines de hueso peinaron.

—¿Cómo os llamáis, barbianes?
—La niña tiembla de verlos
aviesos y aborrascados—.
Van diciendo uno, dos, tres.
—José María el Temprano.
—El príncipe de Esquilache.
—Justo García Soriano.

De la abierta carcajada
don Luis se ha desquijarado.

Cuenta García-Posada que Federico encajó muy bien la broma: "Lorca tomó muy buena cuenta de la burla y adoptó parcialmente el título en su hasta entonces denominado "Romance con lagunas", que pasó a llamarse "Burla de don Pedro a caballo", con intencionada referencia burlesca en su encabezamiento: respuesta a la broma y respuesta también en otras dimisiones más profundas, que conciernen al poema más enigmático del Romancero gitano" (1995: 24-25).

Conservamos también un testimonio de la época sobre esta broma de Gerardo Diego. Se trata de una de las cartas que el poeta de Santander dirigió a Lorca, en concreto la fechada el 13 de septiembre de 1927, reproducida por Mario Hernández, desde Santander, en la que, entre otras cosas, se dice: "Mi broma de *La Gaceta Literaria* –justo castigo a tu incalificable deserción del homenaje a "don Luis"– surtió el efecto apetecido. Picaron muchos. El nº, como viste, fue una indecencia. Dámaso y yo quedamos justamente indignados. A mi no me quiso publicar la *Crónica*, que saldrá ahora corregida y envenenada. Mi ataque a Valle-Inclán y mi broma a ti resultaron aisladas, desairadísimas: flores equivocadas de juventud, en un programa acomodaticio de jardín podrido académico" (1987: 22).

En relación con Federico García Lorca, y dando buena cuenta del clima de amistad y broma que existía entre estos poetas, da cuenta de ello otro poema jocoso de Gerardo Diego, que no figura en sus *Obras completas*, por no tener un ejemplar del mismo en su poder en el momento de coleccionarlas, pero que fue publicado por Mario Hernández en 1987. El texto procede del archivo de Federico García Lorca y permaneció inédito hasta su publicación en 1987. Se trata de un texto escrito por Diego para el banquete homenaje a Federico García Lorca por el estreno de *Mariana Pineda* el 22 de octubre de 1927 y entregado por el poeta de Santander a Giménez Caballero, tal como se indica en la nota que figura al dorso del poema y que vamos a transcribir. La composición reza así en divertidos alejandrinos de sabor modernista con jocosísimas rimas internas (1987: 57):

    A FEDERICO GARCÍA LORCA
            UKASE

    Alma de silencio que yo reverencio;
    tiene tu silencio la inefable voz
    del que por teléfono escucha el silencio,
    porque le amputaron la comunicación.

    Mi Carmen te aplaude Mariana Pineda
    como granadina que ya es de adopción.
    Y yo te aplaudo, pero como pueda
    –si no mandas versos– te meto el talón.

Y la nota al dorso: "A Ernesto Giménez Caballero: Ahí va mi elocuente brindis a Lorca para el banquete, y una pequeña bandada anunciando a *Carmen*, que saldrá en Noviembre. G. Diego."

Uno de los procedimientos de diversión más común entre los poetas de este tiempo era la imitación. La publicación de un libro excepcional en este campo, obra de Federico García Lorca, en 1995, descubrió perfiles insólitos en la relación entre los amigos de esta generación. La capacidad lorquiana para imitar bromeando a sus amigos era conocida a través de los documentos de la época, pero no se puso de manifiesto hasta que conocimos la *Antología moderna precedida de los poemas de Isidoro Capdepón Fernández*, que Federico García Lorca escribió en los años veinte. Hoy se recoge en sus obras completas. Es un libro muy en la línea de las jinojepas de Gerardo Diego, una colección de parodias de poetas de su tiempo, escrita de puño y letra de Federico García Lorca que, entre sus capacidades, tan espléndidas y geniales, contaba con la de poder escribir una décima al estilo de Jorge Guillén, que podría pasar por una de las mejores de *Cántico*, unas *Coplas del día* de Antonio Machado, un *Presagio* de Salinas y hasta un *romance* al estilo de los propios suyos, los del *Romancero gitano*. Podemos ver algunos ejemplos, comenzando por Juan Ramón Ximénez, el poema "35. Escojido y tú":

> No quiero ser –y soy–
> noche malva en mí mismo.
> ¿Y soy? Niño ¿de qué?
> Noche triste ululante,
> agujero en la tela rasgada
> de tu esencia –no importa–
> enajenada.

O esta "copla del día" de Antonio Machado:

> El trabuco y la manola
> y el asco que yo he notado
> en la raíz española.

O este "Presagio" de Pedro Salinas:

> Estos amores nuestros
> –mujer, no quiero decirte nada–.
> Para ti está el espejo
> tranquilo de la alcoba del hotel
> que nos ha de unir
> en el hijo –en la noche–
> y en lo que no sabemos.
> Pero no estoy tranquilo
> con el fluir de los días
> no soy apto para su ejercicio.

O esta "Altiplanicie", décima de Jorge Guillén:

> Leve, ¿de qué movimiento
> se desliza el desvarío
> de fugaz onda de río

y esperanza de un momento
donde, incauto el movimiento
si bien en vilo, tan breve,
que el agua en planicie mueve
con adorable contacto
sin dejar huella en su tacto?
Unidad. Fin de lo leve.

O esta "Chuflilla" de Rafael Alberti, del que también se transcribe un "Soneto":

Déjame, pirulito,
déjame solo
con el cascabarito
del garigolo.
¡Garigolantes,
viva el vito bonito
de los tunantes!

Imitación felicísima, igual que esta *Rima humana* de Gerardo Diego, llamado en la antología "Gerardo Diejo":

En la dulce mirada de tus ojos
busco las ilusiones de mi alma.
No siembres mi camino con abrojos,
déjame proseguir en paz y en calma.

Que si la bondad llevas a la palma,
la muerte das con esos labios rojos.

No menos acertada que esta imitación de José María Hinojosa, "Catoblepas" burlándose del surrealismo incipiente del poeta malagueño:

La pavesa inflóla
en mi pulmón de la orilla
y yo, como no me quería estar quieto allí,
pues me fui
en la rana del otro mundo a Singapur,
donde estabas tú
con mil aleros en tus senos.
        Pekín-Moscú-Campillos

Cerramos esta revisión con este "Romance" de Federico García Lorca, en el que encontramos al poeta imitándose a sí mismo y burlándose de su propia creación, como hicieron los culteranos con sus propios inventos:

Por el camino yacente
vienen cuatro bandoleros.
Luis Martínez, Juan Rodríguez,
cabezas de lacre ardiendo.
Los otros dos en la sombra,

sombra de nardo y acero,
sombra que sombra y resombra,
sombra de montes en pelo.
Llevada por los ijares,
está la luna mordiendo.
Osuna cruza las piernas,
carne de brisa y de nervio,
mientras los mares relinchan
y se afeitan los luceros.
A la mitad del camino
hay cuatro cruces de leño.
Bajo las cruces reposan
Pedro, Juan, Francisco, Etcétero.

Del mismo tono que estas imitaciones son el resto de los poemas de Isidoro Capdepón Fernández, el personaje inventado por Federico García Lorca, quien tras hacer una biografía suya, recoge poemas como "Granada como sultana", "San Nicolás", "Segunda visita de Capdepón a la bella ciudad de Granada", etc.

"La risa libera la tensión del desconcierto y, al mismo tiempo, actúa de castigo social dirigido contra el artista que no sabe componer verdaderas obras de arte, según lo que el gusto generalizado entiende por tal. El lector entendido, por el contrario, aplicará el programa estético o clave de lectura apropiada para hallar la lógica estética, cuando no semántica del poema" (1996: 426). Son palabras de Martín Casamitjana en la conclusión de su libro. Sin duda, la categoría de grandes artistas hace a estos poetas del 27 superiores en su forma de ver el mundo y capaces de advertir lo ridículo de posturas superficiales y pobres. El humor, como componente de la poesía de vanguardia y del 27, tiene otros muchos perfiles y son muchos los documentos que vendrían a abrumarnos con la importancia de su realidad en la vida literaria de aquellos años. Tan sólo hemos citado algunos ejemplos, vistos desde una publicación, *Lola*, hoy muy olvidada que nos ha llevado a otros textos de Rafael Alberti y Gerardo Diego, de Jorge Guillén y Pedro Salinas, todos componentes de un momento literario áureo, todos pertenecientes a la promoción poética más sobresaliente que dio el siglo XX a nuestra historia. El humor, sin duda, formaba parte del día a día de estos poetas. Y los testimonios que hemos recogido así lo prueban.

9

TOROS Y TRADICIÓN

Uno de los poemas de los que Gerardo Diego se sintió mas orgulloso fue sin duda su "Torerillo en Triana", incluido en su libro taurino *La suerte o la muerte*. La gracia y elegancia de sus versos permanecen hoy tan vivas como indiscutibles y justifican su presencia en todas las antologías. Tres aspectos deben ser destacados a la hora de comentar este poema: su historia particular, su tradicionalidad y su originalidad compositiva.

La historia particular comienza en 1924 y puede ser conocida a través de diversos documentos de la época, pero posiblemente ninguno tan interesante como el epistolario entre el poeta y José María de Cossío, gran aficionado a la poesía tradicional y a los toros, aspectos ambos que este poema recoge absolutamente. A primeros de 1926, Cossío comienza la preparación de su *Antología de poesía taurina española* y Gerardo colabora activamente en la búsqueda de poemas, entre ellos, los poemas taurinos de Lope de Vega en *Peribáñez y el Comendador de Ocaña* sobre los que hablan en cartas de febrero de 1926. El 25 de noviembre de ese año Gerardo Diego le envía un poema taurino, para la *Antología*, hecho por él mismo: "Torerillo en Triana": "nada más para mandarte este 'Torerillo' por si llega a tiempo y no es indigno de tu Antología. Tengo miedo de que me haya salido una cosa como de Luis de Tapia; ¡es tan difícil! Tú me dirás tu leal parecer" (1996:147). El 6 de diciembre, Cossío contesta entusiasmado: "Muchísimas gracias. Los versos son deliciosos. No temas que recuerden a Luis de Tapia. A mí me han recordado y creo que tú las recordabas al escribirlos, las seguidillas de Lope de Vega en algunas de sus comedias. Son además muy características de lo que yo pienso de la generación vuestra de poesía, y de que *os ad os* hablaremos. Figurarán en la Antología y serán de las cosas mejores de ella. Sólo con que tú hayas escrito tu 'Torerillo en Triana' y Alberti su 'Corrida de toros' me doy por pagado y satisfecho de haber emprendido mi Antología" (1996: 148).

Muchos años más tarde, en 1970, Gerardo Diego relataría orgulloso, en *Versos escogidos* (1998: 205), la importancia que para él tiene este poema tanto en la historia de su poesía como en la propia historia de la poesía taurina española, cuya trayectoria a esa altura de nuestro siglo resultaba desoladora, debido a los bodrios poemáticos que estaban escribiendo algunos "especialistas" como el temido Luis de Tapia, poeta y periodista de la época, muy conocido por sus fáciles "Coplas del día", que cotidianamente aparecían en los periódicos de aquellos años veinte y treinta. Para Gerardo la poesía taurina era algo muy distinto, y el comienzo de sus intentos está en el poema lopesco, donde reside el secreto de la calidad de la poesía taurina de Gerardo: su entronque con la tradición clásica española más pura: "Mi primera poesía taurina, 'Torerillo en Triana', data de 1926, del mismo año que la inmediata 'Elegía a Joselito'. En esa fecha ni Lorca ni Alberti habían publicado poesía de toros. Por otra parte en mi 'Torerillo' el modelo bien visible es Lope más aun que la poesía popular de nuestro siglo. No pensé por el momento insistir más. Me parecía un tema muy peligroso y que conduciría al amaneramiento o a la vulgaridad de reseña taurina". Recordemos la primera parte del poema:

Torerillo en Triana
frente a Sevilla.
Cántale a la sultana
tu seguidilla.

* * *

Sultana de mis penas
y mi esperanza.
Plaza de las Arenas
de la Maestranza.

Arenas amarillas,
palcos de oro.
Quién viera a las mulillas
llevarse el toro.

Relumbrar de faroles
por mí encendidos.
Y un estallido de oles
en los tendidos.

Como señalamos, uno de los grandes valores de la poesía taurina de Gerardo Diego es la fusión en ella de la tradición y la vanguardia. Y en el primer aspecto, la tradición, vuelve a aparecer la poesía de Lope de Vega, y, con ella, todo su entronque tradicional, como podemos ver en la siguiente serie de estrofas con el río como protagonista:

Arenal de Sevilla,
Torre del Oro.
Azulejo a la orilla
del río moro.

Azulejo bermejo,
sol de la tarde.

No mientas, azulejo,
que soy cobarde.

Guadalquivir tan verde
de aceite antiguo.
Si el barquero me pierde
yo me santiguo.

La puente no la paso,
no la atravieso.
Envuelto en oro y raso
no se hace eso.

Ay, río de Triana,
muerto entre luces.
no embarca la chalana
los andaluces.

Ay, río de Sevilla
quien te cruzase
sin que mi zapatilla
se me mojase.

Zapatilla escotada
para el estribo.
Media rosa estirada
y alamar vivo.

Porque una de las notas definitorias del estilo poético de Lope es su inagotable habilidad para recibir temas y motivos de la lírica tradicional que él mismo convertía en tradición popular dentro de su ingente obra poética y dramática. Y uno de los ejemplos que suele ponerse para mostrar esta facultad es la conocida y extensa serie de "seguidillas del Guadalquivir", que Lope comienza a hacer aparecer en su obra a partir de 1602 en *El amante agradecido* (NRAE, III, 136), donde aparece aquella, tan conocida:

Vienen de San Lúcar,
rompiendo el agua,
de la Torre del Oro,
barcos de plata.

¿Dónde te has criado,
la niña bella,
que sin ir a las Indias,
toda eres perla?

Sevilla y Triana
y el río en medio:
así es tan de mis gustos
tu ingrato dueño.

Que tiene variaciones en la comedia *Amar, servir y esperar* (NRAE, III, 227-236), del tipo de:

> Vienen de San Lúcar
> rompiendo el agua
> a la Torre del Oro
> barcos de plata.

Todavía en 1620, Lope, en *Lo cierto por lo dudoso* (RAE, IX, 369), seguía introduciendo las conocidas seguidillas:

> Río de Sevilla,
> ¡cuán bien pareces
> con galeras blancas
> y ramos verdes!

A esta seguidilla, la llamó Montesinos (1967: 149) la "perla de la serie", porque no sólo ella, sino sus múltiples variantes aparecían por todos lados y se entroncaban con la tradición popular. Una de las versiones, retocada, dentro del propio Lope es la de *Amar, servir y esperar* (NRAE, III, 136) siguiente:

> Río de Sevilla
> quién te pasase
> aunque la mi servilla
> se me mojase.

La tradicionalidad de tema y forma están aseguradas. E. M. Torner (1966: 103) la encuentra en el *Romancero musical del siglo XVII* de la Biblioteca Nacional de Turín con nuevas variaciones llenas de belleza y musicalidad.

A tal tradición, se une Gerardo Diego con su bellísimo poema taurino, cuya originalidad de composición hay que destacar en último lugar. En efecto, Gerardo Diego, al servirse de un motivo tradicional y de su forma métrica, está realizando la misma operación que Lope cuando introducía los ritmos de las populares seguidillas del Guadalquivir en sus comedias. De igual modo que Lope añadió bellos gestos de originalidad, lo mismo hace Gerardo Diego. En primer lugar es destacable la independencia de cada una de las seguidillas que componen el poema. Todas están separadas por notables pausas con lo que el poeta trata de producir una especie de mosaico de impresiones rápidas que componen un conjunto total. La misma estructura interna pareada de cada seguidilla concede un ritmo de iniciación y planteamiento perceptible en la musicalidad del poema basada en la alternancia de verso largo (heptasílabo) y verso breve (pentasílabo). Es el procedimiento más efectivo para dar forma a la serie de estampas en las que se glosan diversos aspectos de la fiesta de los toros en Sevilla, junto a Triana, en la Maestranza, a la orilla del río, con la Torre del Oro próxima. Se trata de una múltiple superposición de elementos populares, escenas, a veces sin acción alguna, para construir un todo, un ambiente, el conjunto de una fiesta popular. Lo advertimos en la siguiente serie de estrofas:

Tabaco y oro. Faja
salmón. Montera.
Tirilla verde baja
por la chorrera.

Capote de paseo.
Seda amarilla.
Prieta para el toreo
la taleguilla.

La verónica cruje.
Suenan caireles.
Que nadie la dibuje.
Fuera pinceles.

Banderillas al quiebro.
Cose el miura
el arco que le enhebro
con la cintura.

Torneados en rueda
tres naturales.
Y una hélice de seda
con arrabales.

Me perfilo. La espada.
Los dedos mojo.
Abanico y mirada.
Clavel y antojo.

Junto a esta forma de construir el poema hay que destacar la presencia del arte de vanguardia en las seguidillas, revelada sobre todo a través de la imagen creacionista muy presente en este conjunto, del tipo de "azulejo bermejo/ sol de la tarde", que nos remite a las "barbas granate" de la "Baladilla de los tres ríos" de Federico García Lorca, donde también el sol del atardecer enrojece el conjunto. El color del río Guadalquivir, aquí se concentra en la imagen del verde, reflejada en el aceite ("Guadalquivir tan verde / de aceite antiguo") continuación de una secuencia cromática que culminará en las imágenes creacionistas, aunque de origen popular-tradicional, a la hora de captar los colores del vestido del torero: "Tabaco y oro. Faja / salmón. Montera./ Tirilla verde baja / por la chorrera". El relato final de la faena taurina, enriquecida por las imágenes taurinas tradicionales, se completa con algunas de vanguardia, procedentes de gestos futuristas, del tipo de "Torneados en rueda / tres naturales. / Y una hélice de seda / con arrabales". Como podemos advertir por todos estos procedimientos, la originalidad compositiva está basada, una vez más en la obra de Gerardo Diego, en la permeabilidad de sus dos consabidas modalidades o estilos: tradicional y vanguardista. En este caso, Gerardo Diego ha tomado un tema tradicional, recogido en Lope de Vega, y ha cantado una fiesta popular, en un contexto urbano especial, los toros en Sevilla, y con todo ello, ha creado un poema en el que el impresionismo y la vanguardia han hecho todo lo demás.

Desde el punto de vista expresivo hay que destacar en este poema ya la que será norma habitual en todos los textos taurinos de Gerardo Diego. Junto a las brillantes imágenes ya comentadas, comparecen términos especializados del mundo de los toros o relativos a la fiesta, que aquí se amplían a otras palabras alusivas a aspectos de Sevilla. Algunos de estos vocablos se refieren a la vestimenta del torero (junto a medias o zapatillas aparecen también montera, taleguilla). Igualmente comparecen las partes de la faena (banderillas) o los nombres de los pases (verónica, naturales), así como los dichos del público entendido (mojar los dedos es clavar el estoque hasta el fondo). Incluso, la ganadería: un miura es un temido toro de la ganadería de Miura, famosos por su bravura y peligro. Y ya el final:

>En hombros por tu orilla,
>Torre del Oro.
>En tu azulejo brilla
>sangre de toro.
>
>Si salgo en la Maestranza
>te bordo un manto,
>Virgen de la Esperanza
>de Viernes Santo.
>
>* * *
>
>Adiós, torero nuevo,
>Triana y Sevilla,
>que a Sanlúcar me llevo
>tu seguidilla.

Del mundo sevillano destacan también algunas alusiones muy especializadas: el río es moro, porque la Torre del Oro es almohade; la Virgen de la Esperanza es la Esperanza de Triana, no la Macarena, (también Esperanza, pero de Sevilla). Sanlúcar es la localidad donde desemboca el Guadalquivir.

Respecto al contenido de este poema taurino hay que destacar que está plenamente ambientado en el mundillo sevillano del toro, con Triana frente a Sevilla. Andrés Amorós ha señalado que "El título resume la situación básica. *Sevilla* vista desde *Triana*, el barrio popular al otro lado del río, un barrio taurinísimo, vinculado a la figura de Juan Belmonte, cuyo monumento se alza en el Altozano, junto al río (más recientemente, Emilio Muñoz, y en alguna medida Francisco Rivera Ordóñez). Canta el poema la ilusión de un joven trianero por triunfar en la Maestranza y volver a Triana cruzando el puente a hombros de los aficionados" (1999: 44). Alude igualmente al espíritu ilusionado, alegre y positivo que muestra este poema al toreo como un juego y no como una tragedia. La proximidad de Gerardo Diego a la gracia andaluza también ha sido destacada, ya que en este poema se hace visible por forma, por contenido y por ambiente, todo el encanto del mundo del toro andaluz, y más concretamente sevillano y trianero.

Un poema, por tanto, con el que Gerardo Diego inicia la que sería su magna obra taurina, que reuniría primero en su libro *La suerte o la muerte*, y que continuaría a lo largo de toda su vida. En tal sector de su producción no sólo se glosaron las suertes del toreo y las figuras más representativas sino todo un sentimiento de la fiesta de los toros como confluencia de juego y tragedia, de espíritu heroico y de habilidad técnica, de alto contenido estético y de extraordinaria tradición hispánica. Todo ello lo llevó muy dentro Gerardo Diego y lo supo expresar en poemas como el que acabamos de comentar.

10
ÓSCAR ESPLÁ

Entre las amistades que caracterizaron a los intelectuales de la generación del 27, sin duda sobresale la que mantuvieron durante muchos años el músico alicantino Óscar Esplá y el poeta Gerardo Diego, amistad iniciada muy temprano, en 1922, y continuada hasta la muerte del primero, el 6 de enero de 1976.

Pero la admiración viene de antes: el 10 de enero de 1922 pronuncia Gerardo Diego en Valladolid una conferencia concierto sobre "Música infantil". Toca obras de Schumann, Debussy, Ravel, Esplá, Turina y Mompou. Presentado por Narciso Alonso Cortés, hace una lectura comentada de su poesía. Al parecer, según la cronología de Elena Diego, se habían conocido el músico y el poeta en agosto de 1922 y, tal como se indica en este mismo y completísimo documento, fueron muchos los recitales de piano de Gerardo Diego en los años veinte en los que incluyó, junto a otros músicos clásicos y modernos, composiciones de Óscar Esplá.

Y es que en la raíz de esa amistad, la música sobresale como elemento de unión y de vínculo duradero a lo largo del tiempo, tal como testimonian algunos textos de Gerardo Diego, recogidos en sus *Obras completas*, que vamos a evocar en estas páginas, en las que damos a conocer además seis cartas inéditas, firmadas por Esplá y conservadas en los archivos de la familia de Gerardo Diego. Por último transcribimos un interesante artículo de periódico de Gerardo Diego, no coleccionado en sus *Obras completas*, dedicado a Miró y Esplá, en el que nos ofrece algunos datos relevantes sobre la relación de los tres intelectuales españoles coetáneos. La amistad llegaría, como decimos, hasta el final: el 26 de febrero de 1974 Gerardo Diego participa en el homenaje del Club Urbis a Oscar Esplá hablando de la obra del compositor como introducción a un concierto de María Orán y Miguel Zanetti.

En el marco de los artículos recogidos en *Obras completas. Prosa. Memoria de un poeta*, y, en particular, en el apartado dedicado a "El valor de los recuerdos", señalaba en mi introducción a la citada edición (1997: IV, 45): "Menéndez Pidal, Américo Castro, Óscar Esplá, Alfonso Reyes, Gabriel Miró, Marcelino y Enrique Menéndez Pelayo, Manuel de Falla, Maurice Ravel y Manuel Machado son protagonistas de otras muchas anécdotas y sucesos de feliz recuerdo para nuestro escritor, que sabía medir bien lo sentimental y lo emotivo con lo anecdótico e irónico incluso, con una gran compensación y cuidado exquisito al evocar el lado más humano de los personajes de gran significado ya en nuestra historia y en nuestra cultura, mostrando, en toda su verdad, cuál era, para Gerardo Diego, el auténtico valor de los recuerdos". Y efectivamente, así recuerda Gerardo Diego, en la conferencia de 1974, "Un jándalo en Cádiz", cómo diversos escritores e intelectuales fueron sus guías por distintos lugares de España: "… Antonio Machado fue mi guía en Segovia, Óscar Esplá, en Alicante y Aitana, Falla lo fue en Granada" (1997: IV, 267).

El 5 de marzo de 1976, tras la muerte de Óscar Esplá, Gerardo Diego publicó en el diario *ABC* un emotivo artículo, que hoy recogen sus *Obras completas* (1997: IV, 441-443), en el que reconoce que son más de cincuenta los años de amistad y más de sesenta de "audición y consuelo de su música", partiendo de una audición, siendo un niño, de "El sueño de Eros" en la Sociedad Filarmónica de Santander, interpretado por Arbós frente a la Sinfónica hasta llegar pocas semanas antes de la fecha del artículo a la audición de la ópera *El pirata cautivo*, pasando por la audición constante de cada una de las obras del maestro alicantino, y en especial dos: "*Sonata para piano y violín*, gozo de Gabriel Miró y también mío desde que la encontré en un almacén musical de Gijón"; y "la *Cantata* para la que, a requerimiento suyo, le serví el cañamazo de una letra deseada para la curva de una composición orquestal y coral".

Tal cantata fue estrenada en enero de 1969 y la incluyó Gerardo Diego en 1972 en su libro *Cementerio Civil*, con el título de "Cantata a la juventud sobre los derechos del hombre". Al comienzo se indica, "Música de Óscar Esplá". Está recogida en *Obras completas. Poesía* (1996: III, 250-253) y se compone de un "Coro de Hombres", un "Solo" y un "Coro Mixto". Según el catálogo de obras de Óscar Esplá, que Antonio Iglesias incluye en su *Óscar Esplá* (1973), se integra entre las obras "Para Orquesta" como composición "para barítono, recitador, coro y orquesta".

Alude también en el artículo de Diego al momento en que se conocieron, no precisado por el poeta, aunque asegura que fue el mismo año en que conoció a García Lorca, hecho que aprovecha para recordar la fotografía en la que aparecen los tres juntos, de 1927, según el poeta, en la que "aparecemos Federico y yo agarrando cada uno por un brazo al sonriente álamo de Óscar, árbol que había de erguirse esbelto y firme hasta el otoño último".

Siguen otros recuerdos emocionantes. La visita a Alicante acompañado por el músico durante una semana, recorriendo "la mejor tierra del mundo" en el Buick, matrícula de Alicante 707, capicúa que quiso conseguir como número de la lotería nacional porque pensaba que caería el gordo de Navidad en ese número. No lo consiguió por tenerlo otra persona abonado, pero sí fue cierto que esa Navidad cayó el premio en el número capicúa que perseguía Esplá.

Y, desde luego, el recuerdo más importante corresponde a 1927 y se centra en la composición homenaje a Góngora de su poema *Soledades*, para Gerardo Diego "una de sus obras maestras". Por lo que Gerardo cuenta, en los años siguientes hubo nuevos intentos de cooperación, que no llegaron a cuajar. El texto, lleno de sensibilidad y entrañables detalles, se cierra con la transcripción del soneto que escribiera, tal como sabemos por una de las cartas, algunos años antes en homenaje al músico alicantino.

En efecto, Gerardo Diego escribió, como ya hemos tenido ocasión de advertir, un soneto en homenaje a Óscar Esplá, que fue recogido en su libro *Vuelta del peregrino* con el título de "Esplá en Aitana. (Recuerdo de 1926)". Se halla reproducido en *Obras completas. Poesía* (1996, II, 458) :

> Violines, corno, tabalet, campana,
> –huesos, cristal– xilófono, celesta,
> fuegos, sordinas de metal: tu orquesta,
> Óscar del Sur, soñado, aquí en Aitana.
>
> Pascua de abril, qué gloria la mañana
> y el bosque y la barranca y la respuesta
> del litúrgico eco en manifiesta
> burla de canon, nítida, lejana.
>
> Para ti, Óscar del este –el mar, Ibiza–
> tu paisaje sus líneas melodiza.
> "Flauta más clarinete" instrumentaste
>
> oyendo al cuco. Goce. Larga espera.
> Tu sinfonía –otoño en primavera–
> ya naciente, instantánea, la escuchaste.

Tal es el texto del soneto, que, con los datos y pormenores que nos ofrecen los textos que siguen, podremos comprender en su sintética complejidad. Como tantos poemas musicales de Gerardo Diego, son las meras alusiones simbólicas a sonidos, efectos musicales, instrumentos, modalidades acústicas, en forma de impresiones aisladas o conjuntas, las que dan sentido a sus configuraciones poéticas de una determinada música. En este caso, hay que situar el poema en el momento en que se escribe, 1966, pero también en el momento evocado, 1926, y durante la excursión que a lo largo de una semana hace Gerardo Diego por la provincia de Alicante, guiado por Óscar Esplá. La semana concreta es la de Pascua de aquel año, en abril, tras haber pasado la Semana Santa en Murcia.

Justamente, en un artículo de 1952, "Dos anécdotas", aparecido en *El Noticiero Universal* y recogido en *Obras completas* (1997: IV, 453-454) se cuenta algún detalle de aquella excursión alicantina, muy relacionado con la música, y naturalmente con Óscar Esplá y Miró: "La otra anécdota sucedió en mi primer viaje a Alicante. Mi amigo el gran compositor Óscar Esplá me había invitado a pasar unos días en Guadalest de la Sierra, mejor dicho en una masía en plena montaña, sierra de Aitana, a la que iba dejando la carretera en Guadalest. Pernoctamos y a la mañana siguiente, que amaneció lluviosa, montamos a caballo para dar un paseo por aquellas maravillosas breñas. Al oír cantar a los cucos, porque era primavera, le pregunté al maestro: "¿Cómo se instrumenta el canto del cuco: flauta?". Y, sin vacilar, como quien lo tenía bien estudiado, me replicó: "Flauta más clarinete".

No paró ahí la musicalidad del paseo. Esplá quería llevarme a un collado desde donde se podía disfrutar en horas de calma atmosférica de un fenómeno que yo había gustado en mi niñez frente a la Peña Rocías en mi Montaña de Santander. Afortunadamente, se disiparon las nieblas y pudimos encontrar enfrente una preciosa pared de roca a centenares de metros, coloreada como es costumbre en la orografía levantina, con fulgurantes matices. Esplá y yo recordamos al gran Gabriel Miró, entonces dichosamente viviente y enterado ya de mi excursión. Miró gozaba conversando con el muro que le devolvía en eco sus palabras cálidas de fonética alicantina. Esplá me lo advirtió sonriendo y yo inmediatamente concebí el juego en música. Y empecé a cantar la línea del canon del final de la sonata de Franck, con tal acierto en el *tempo* que era el compás justo la distancia de ida y vuelta hasta el eco. Y así un piano y un violín imaginarios dialogamos el bellísimo canon que yo no pude gozar a mi sabor hasta que terminé, siempre con mi compás de adelanto, y quedó sólo el eco respondiéndome desde la lejanía. He aquí una nueva versión de la fábula de Eco y Narciso, tan sugestiva de mitología eterna y de música perfecta canónica."

Merecen también algunas anotaciones y comentarios las cartas reproducidas a continuación. La de 1925 (Apéndice 1) pone de relieve el interés de Gerardo Diego por recibir la partitura de los "Confines", composiciones para piano que realizó Óscar Esplá en su primera etapa. Sin duda, Gerardo Diego le ha enviado desde Gijón algunos de sus libros, posiblemente *Soria*, del año 1923, o *Manual de espumas*, del año 1924. La de febrero de 1926 (Apéndice 2) acusa la llegada de un nuevo libro, sin duda *Versos humanos*, tal como se indica a continuación y vuelve sobre la petición de "Confines", que aún no ha atendido el músico. Se refiere a continuación al poema, con importante componente musical, de Juan de Jáuregui, titulado "Orfeo", que Gerardo Diego acaba de descubrir y sobre el que prepara un artículo extenso que dará a conocer en *Revista de Occidente*, IV, XLI, de 1926, con el título de "El virtuoso divo Orfeo". Jáuregui para Gerardo Diego y gracias a este poema es "el pintor poeta, que ahora, además, resulta músico, o cuando menos, crítico musical" (2000, VI, 844).

La carta de abril de 1926 (Apéndice 3) es la preparatoria del viaje que ya conocemos a Guadalest, desde Murcia, y la de noviembre del mismo 1926 (Apéndice 4) está dedicada al proyecto del Epitalamio de las *Soledades* de Góngora, que, efectivamente, llevó cabo Esplá por encargo de Gerardo Diego y como homenaje en 1927 al poeta cordobés, tal como ya sabemos. Por último la carta de enero de 1966 (Apéndice 5) se refiere al artículo publicado en el diario *Arriba*, el día 23 de ese mismo mes y que transcribimos (Apéndice 6) y al soneto que ya conocemos. No figura en los catálogos de la obra de Esplá esa suite para canto y orquesta con poesías de Gerardo Diego, Vicente Aleixandre y Antonio Machado, por lo que suponemos que nunca se llegó a hacer.

Cierra nuestro apéndice documental el artículo dedicado a Miró y Esplá, dechado de sentido de la amistad y también reflejo de la admiración, esta vez no a uno ni a dos sino a los que llama "los tres maestros alicantinos". Azorín, Miró, Esplá. Naturalmente surgen datos documentales de la relación Esplá-Miró, a través del prólogo que escribiera el músico para las obras completas del narrador alicantino. Y contamos en el artículo con una entrañable descripción física y psicológica de Óscar Esplá gracias a la pluma de Gerardo Diego, que finaliza el artículo contando alguna anécdota más y aludiendo a la fotografía a la que nos hemos referido ya, en la que figura también García Lorca, al que se recuerda también con gran simpatía, en este artículo olvidado, como poeta y, también, como músico. Respecto a la fotografía en cuestión, hemos de señalar que fue tomada, al parecer por Juan Guerrero Ruiz, antes o después de la comida ofrecida en el restaurante Buenavista de Madrid a la hispanista Mathilde Pomès el 11 de abril de 1931. Existe otra fotografía tomada en el mismo lugar en la que además de los tres amigos ya citados (Gerardo Diego está sentado en el suelo) figuran otros intelectuales y amigos: Ortega y Gasset, Bergamín, Cernuda, Sánchez Cuesta, Salinas, Guerrrero Ruiz, etc., junto a la homenajeada, Mathilde Pomès.

Poesía, música y paisajes de la tierra alicantina se unen en todos estos recuerdos al sentido fuerte y duradero de la amistad, combinado con la admiración mutua de estos dos intelectuales de un tiempo de España.

Apéndice

Óscar Esplá
Cartas a Gerardo Diego

1

Óscar Esplá

Madrid 30 de mayo de 1925

Sr. D. Gerardo Diego

Mi apreciado amigo: Muy contento y agradecido por su recuerdo. Ahora acabo de recibir sus libros. Hablando de esto con Agustín Irízar recuerdo que prometí a V. una copia de mis "Confines". Las hice en efecto, pero luego las remití a Noruega donde iban a dar unos conciertos de música española.

Perdóneme. Volveré a copiar de nuevo dos o tres de esos "Confines" y los enviaré a donde V. me diga.

Si salieran, *por fin*, publicados en Londres, donde tenía el original mío hace tiempo, mandaré a V. los ejemplares impresos en lugar de las copias manuscritas.

Me gustaría saber si estará V. todavía mucho tiempo en Gijón.

Muy cordialmente le saluda su buen amigo

Oscar Esplá

2

ÓSCAR ESPLÁ
Columela, 8   MADRID

Alicante, 1 febrero 1926

D. Gerardo Diego

Mi querido amigo: Llegó su libro y su carta. No le he contestado enseguida porque quería hacerlo después de leer completamente el libro. Volveré a escribirle sobre esta lectura porque me ha sugerido algunos proyectos musicales. Lo que hasta ahora conozco de "Versos humanos" me parece admirable, pero ya le hablaré o le escribiré con extensión.

No me acordaba, *como es mi costumbre*, de los "Confines", pero en cuanto llegó el libro, es decir, *antes de recibir la carta*, entregué al copista mis originales para que hiciera las copias que le enviaré. Ahora es cuestión de días. Son los últimos que hice y nos los conoce nadie. Veremos si le gustan.

Preciosa la estrofa sobre el tema de Orfeo. Espero todo lo demás. Avíseme cuando salga la nota en la R. de O., pues a veces no la leo por descuido o por que, tal vez sin motivo, las supongo faltas de interés.

Es muy probable que se dé mi "Don Quijote velando las armas" en el mes de marzo. Si no, en los primeros días de abril. Como es obra dificilísima requiere muchos ensayos. Se dará completa: meditación, danza y escena. Estas tres partes se tocan sin interrupción.

Del proyecto que me anuncia de su Ateneo, no sé nada. Hace tiempo me habló de ello un antiguo y excelente amigo mío, Pepe Amérigo, que V. conocerá, sin duda, pero ya no he vuelto a saber nada. Ya veremos de qué se trata y si puedo o no comprometerme, por ahora.

Estaré aquí hasta el diez de febrero. Luego voy a Madrid unos días y regreso hasta marzo en que vuelvo a Madrid y me quedo allí ya hasta el verano.

Muchas gracias por su libro y cónstele siempre mi adhesión y mi amistad.

Óscar Esplá

3

ÓSCAR ESPLÁ   MADRID
Columela, 8, pral.

Sr. D. Gerardo Diego

Mi querido amigo: Estaré en Alicante toda la semana, hasta el 10 o el 12.

El martes es el día que tendré ocupado porque se marcha toda mi familia a Madrid y habré de organizar las cosas para quedarme luego solo, como de costumbre. Todos los demás días los dedicaré a excursiones con V. por los mejores paisajes de esta región.

Verá V. como le gusta el Ifach y Guadalest. Dos maravillas.

Avíseme su salida de Murcia y, si le es posible, dígame a qué hora llega el tren a Alicante.

Hasta pronto.

Siempre muy suyo afectísimo amigo

Óscar Esplá

Alicante 2 abril 1926

4

Óscar Esplá   Madrid
Columela, 8, pral.

Alicante, 15 noviembre 1926

Sr. D. Gerardo Diego

Querido amigo: me parece bien lo de Góngora. Salazar me escribió pero nada me dijo de esto. Como ahora atravieso mala temporada de preocupaciones extramusicales, no me ocuparé de lo de Góngora, pero desde luego pienso contribuir a tiempo con alguna cosa que ya decidiré más adelante. Pueden, pues, contar conmigo para las fechas límites que me indica.

Celebraré que oiga V. la Nochebuena del Diablo que no irá, probablemente, hasta la 2ª serie de conciertos.

Siempre suyo

Óscar Esplá

5

INSTITUTO MUSICAL "ÓSCAR ESPLÁ"
Conservatorio Profesional
OBRA CULTURAL DE LA CAJA DE
AHORROS DEL SURESTE DE ESPAÑA
ALICANTE

Alicante, 26 Enero 1.966

EXCMO. SR. D. GERARDO DIEGO
Covarrubias, 9
MADRID

Querido Gerardo:

He leído su simpático artículo sobre Miró y mi persona. Me ha traído el aire de otro tiempo más agradable, para mí, que el actual. Mucho se lo agradezco, así como el precioso soneto que me copió en su carta e felicitación de Navidad.

Ahora, como ya le dije, le ruego que me escriba unas líneas autorizándome a publicar sus poesías —en general— puestas a música por mí. Voy a componer una suite de obras para canto y orquesta con poesías de Vd., de Vicente Aleixandre y de Antonio Machado.

Pienso que Frühbeck estrenase esta obra en la temporada 1966-67 con una de nuestras buenas sopranos.

Reiterándole nuestros mejores deseos a Vd. Y a su familia para el año que empieza, le envía un cordial abrazo.

Óscar Esplá

Fdo. Óscar Esplá

Le llamaré a Madrid la semana que viene.

Suyo

O.E.

Gerardo Diego
MIRÓ Y ESPLÁ

Hay en España una provincia de la más rica, varia, inusitada y personalísima hermosura de paisaje. Es la tierra alicantina; "la millor terra del mon", según sus hijos. Sin duda para cualquier mirada sensible y desinteresada, una de las más bellas de España. Nacieron en esta faja de tierra levantina grandes artistas que en su obra la reflejan. En la parte alta del interior, ya de transición hacia la austeridad manchega, el maestro "Azorín". En la capital de la provincia, Alicante, el maestro Óscar Esplá y el maestro Gabriel Miró. Si llamo maestros a los tres es por diversos motivos. Claro está que un músico compositor y aun no compositor, un director de orquesta, por ejemplo, recibe en todo el mundo el tratamiento antonomásico de maestro. Que además sea digno de él ya es otra cosa, y en el caso de Esplá la maestría no sólo es gratuita concesión supuesta en el oficio, sino sazonada plenitud. En cuanto a "Azorín" o "Sigüenza", o sea, respectivamente las versiones o dobles literarios de José Martínez Ruiz y Gabriel Miró, son maestros insignes de nuestra lengua que han renovado y magnificado en sus libros con precisión y esplendor jamás superados, ni en el Siglo de Oro.

Es difícil intentar pintar para ojos que no la conocen la costa, la marina de Alicante ni sus serranías, valles y mesetas. Lo mejor si no se puede viajar y verla y vivirla es acudir a las páginas de "Azorín" y, sobre todo, a las de Miró, que se recrea en el espectáculo de la comarca, especialmente desde Guadalest al Mediterráneo. En cuanto a Óscar Esplá, también su música nos trae el paisaje, nos sumerge en una transfiguración sonora de sus ardientes esencias. Porque nuestro músico no solamente nació en Alicante y gusta de reposar y trabajar ya en la ciudad ya en el campo próximo; por ejemplo, ahora en su finca de Santa Faz, sino que crea una música toda impregnada de aromas levantinos, arraigada como los pinos, olivos y algarrobos y también como las esbeltas palmas, las frondosas moreras y los perfumados naranjos, en el suelo y subsuelo de la comarca, entre Orihuela y Elche, por un lado, y la playa de Calpe o las cimas altaneras de Alicante, reina de la orografía valenciana.

Caso singularísimo el de Óscar Esplá. Porque antes de dedicarse definitivamente a la música como pianista y, sobre todo, como compositor, pasa su primera juventud cultivándola simplemente como aficionado y cursando en Barcelona estudios tan dispares como los de ingeniero industrial y los de Filosofía y Letras.

Él mismo nos ha contado deliciosamente cómo conoció a Gabriel Miró. Lo refiere en su prólogo a *El humo dormido* en el tomo correspondiente de la edición conmemorativa y póstuma que preparamos sus amigos:

"Era yo a la sazón alumno de la Escuela de Ingenieros de Barcelona y había comenzado asimismo mis cursos de Filosofía y Letras. Tenía fama local, inmerecida sin falsa modestia, de buen pianista. Por entonces di mi primer concierto en el primitivo Ateneo de Alicante. Asistió Miró, pero no lo supe; nadie me habló de su presencia allí y yo no tenía demás la menor noción de su aspecto físico.

Un día recibí invitación para oír en casa del señor García Soler al antiguo Cuarteto Francés, que estaba de paso en nuestra ciudad… En el primer descanso de los cuartetistas, mientras yo hojeaba en los atriles los papeles del cuarteto que acababan de interpretar, se me plantó delante inopinadamente una figura alta, que ahora recuerdo envuelta en una impresión total de azul y rubio, y en tono imperativo me dijo "Usted es Óscar Esplá. Debe dejarse la carrera de ingeniero y las filosofías y dedicarse sólo a la música".

Ya que acabamos de vislumbrar a Sigüenza a través de la prosa de Óscar —todo el prólogo es de admirable penetración— parece oportuno que yo a mi vez recuerde y evoque al Esplá que yo conocí en Madrid, en su casa y luego en concierto y tertulias. No menos alto que Miró y casi tan rubio, delgado y vertical, con un no sé qué de tierra noble y trabajada en el semblante, mirada inquisitiva y aguda, ingenio siempre apasionado y presto a la réplica y regusto de fruición interior en la boca, por cuya comisura pugna, sin embargo, por asomar una amarga salivilla de desengaño. Así era el Óscar que yo conocí hacia 1922, cuando todavía iba Ortega a su tertulia de la Granja El Henar. Recuerdo un día por aquellos años inmediatamente anteriores a la fundación de la *Revista de Occidente*, que después de charlar de música y de hacerla en casa de Óscar entramos en el café a ambos lados de él Lorca y yo. Ortega nos vio entrar y sonriendo hizo ademán de tocar el violín. "Bien venidos los músicos". Yo le repliqué: "Entre los tres sumamos dos, porque Federico y yo somos a medias." Guardo una foto de unos diez años después en que Lorca y yo apresamos en medio a Esplá, que se resigna sonriendo.

Uno de los territorios más inexplorados dentro de la amplísima obra literaria de Antonio Buero Vallejo lo constituye su poesía, publicada en muy diferentes ocasiones y medios impresos, fundamentalmente escrita para homenajes, conmemoraciones y otros requerimientos habituales en la vida de un gran escritor. Afortunadamente, al publicar Luis Iglesias Feijoo y Mariano de Paco la *Obra completa* del dramaturgo, tuvieron el gran acierto de dedicar todo un volumen a textos no dramáticos, bajo el título de *Poesía, narrativa, ensayos y artículos*. De esta forma los lectores de Buero pueden –podemos– disponer de 1333 páginas de magnífica literatura, que encabeza la reunión completa de todos sus poemas, la mayor parte de los cuales ya había aparecido reunida en libros previos.

Para los degustadores de la buena poesía, y sobre todo para aquellos que –como quien esto escribe– han valorado la calidad del lenguaje elegante y cuidado de las obras dramáticas de Buero Vallejo, de su equilibrado estilo de escritor, preciso y "clásico" en el sentido más noble del término, reencontrar tales cualidades en un buen número de poemas admirablemente construidos con sabiduría, riqueza conceptual y compensada y suave musicalidad, constituye una experiencia de lector, ineludible desde luego para quien conoce y admira al Buero Vallejo dramaturgo. La relación entre su obra dramática y su obra poética es un campo que merece detenimiento y reflexión, y un buen ejemplo lo constituiría el magnífico poema titulado "La Fundación". Como lo son también los retratos líricos de muchos contemporáneos, algunos de ellos los mejores poetas de nuestro siglo, o como pueden serlo también textos en los que comparece algún viejo conocido y admirado, como lo es el espléndido soneto dedicado a "Velázquez" o el poema "Pinturas negras". Completan la colección versos de solidaridad humanitaria y comparecencias líricas en momentos trascendentes. Ocasión habrá de hablar de muchos de estos poemas, que hemos de calificar, en su conjunto, con el término de excepcionales. Y, ente ellos, descubrimos la relación menos conocida u olvidada entre Buero Vallejo y uno de los grandes poetas del siglo XX, Gerardo Diego. Queremos, en estas páginas, recuperar textos de ambos escritores, al tiempo que glosamos, a través de los versos y de las palabras, el sentido de una relación de amistad, y, más que este hecho vital, lo que un escritor aportó al otro, en función de lo que ambos escribieron en sus textos.

Pocas dudas nos pueden caber de que Gerardo Diego y Antonio Buero Vallejo son escritores muy diferentes: por preferencias literarias en el cultivo de un determinado género, aunque como Buero ha escrito poesía también Gerardo Diego escribió teatro. Pero, en cualquier caso, el centro de su actividad literaria es muy diferente, como también es distinta la generación a la que han pertenecido, la época que les ha tocado vivir en su etapa de formación, y desde luego sus propias realidades y experiencias vitales. Tales hechos no han impedido, sin embargo, coincidencias notables, desde el punto de vista biográfico, fundamentalmente en la tertulia del Café Gijón, que –como es lógico– aparecerá en los versos que vamos a comentar, y ya al final de la vida de Gerardo Diego, en la Real Academia Española.

El texto poético escrito por Gerardo Diego lo realizó con motivo del estreno de la obra de Buero Vallejo *El sueño de la razón*, y tiene presente el recuerdo de Goya, como protagonista definitivo del drama bueriano. Lo dio a conocer su autor en el diario *Arriba* el 21 de junio de 1970, incluido dentro de un artículo muy simpático en el que comenta como presentación del poema la forma métrica elegida –tercetos–, el verso empleado –octosílabos– y la condición de ovillejos en que los tercetos se organizan. Precede al poema una cita de Rubén Darío, de su poema dedicado a Goya, escrito también en tercetos octosílabos monorrimos. El comentario de Gerardo Diego, que incluimos en el apéndice de este capítulo junto a los poemas, nos ahorra mayores precisiones sobre aspectos referidos al poema. Es singular que Gerardo Diego juegue con el octosílabo "Antonio Buero Vallejo", octosílabo como lo es también su propio nombre "Gerardo Diego Cendoya" y con la rima de "ovillejo" con "Vallejo", el segundo apellido del dramaturgo. El lector o el espectador de las obras de Buero reconocerá títulos y personajes tales como *Las palabras en la arena*, *La tejedora de sueños*, *Un soñador para un pueblo* y finalmente los monstruos de *El sueño de la razón*, obra más próxima al poema y de la que esta composición surge. Aunque el poema empieza en clave de humor, con evidente simpatía personal hacia el dramaturgo, surgida del trato habitual en el Café Gijón, Gerardo Diego realiza a lo largo del poema un proceso de sublimación creciente, una paulatina trascedentalización de su recuerdo personal del dramaturgo y de su obra. Casi se trata de un proceso de concatenación poética que será parecido al que realice el propio Buero en su poema dedicado a Gerardo Diego. Se parte de la broma sobre el nombre de Buero y su condición de octosílabo, así como de la rima del apellido (Buero en su poema también hará un leve juego con su propio segundo apellido) para reflexionar sobre el tiempo y el espacio en el teatro, sobre el sueño –tema muy importante en la dramaturgia bueriana– y sobre la calidad estilística de los dramas de nuestro autor, calidad de palabra que hereda, a juicio de Diego, de su castellano alcarreño. La alusión al simplicísimo descubrimiento del Monsieur Jourdain molieresco es prólogo teatral para declarar la palabra melodiosa de Buero. La alusión al mur del *Libro de Buen Amor* dará paso a la serie continuada de juegos de palabras en los que se distinguen títulos buerianos para volver al motivo del sueño que se confunde finalmente, en una fusión muy trascendente al terminar el poema, con el motivo del espejo, pertinente tanto en Buero (recordemos su artículo "El espejo de *Las Meninas*") como en Diego, autor de una obra teatral perdida titulada *Espejos*. El poema pasaría a formar parte de su libro *Carmen jubilar* (1996: III, 321-322).

Como es habitual en poemas de este tipo, Gerardo Diego crea neologismos, se sirve de desplazamientos significativos y enriquece su lenguaje poético con alusiones del máximo interés. Indudablemente entre ellos destaca la creación del neologismo buero ("Buero es el mundo, buero, / buero, buero") que nos permitimos entender como un adjetivo calificativo del mundo escénico inventado por el dramaturgo y que el poeta quiere ver desde el ojo del telón, desde donde habitualmente se ve la sala. Hay otros términos felices en el poema como berroqueño que adquiere capacidad calificatoria de los monstruos goyescos (berroqueño es adjetivo exclusivamente de piedra y significa granito) o azoguejo, nombre castizo del mercurio con el que bruñirá su espejo el dramaturgo.

No menos interesante es el poema de Buero Vallejo, escrito en 1972 para un homenaje al poeta. Y bastante distinto, aunque presidido por un latido autobiográfico que dispensa a los versos una autenticidad verdaderamente lírica. Buero Vallejo recuerda sus lecturas de la *Antología* de 1932 y especialmente unos poetas y dos versos que quedan en la memoria con el nombre de Vallejo, que a Buero le hace relacionar con su propio apellido. El verso libre utilizado por el dramaturgo, comenzado por unos heptasílabos que pronto se ampliarán o acortarán siguiendo la sintaxis del poema va mostrando al lector el recuerdo de aquellos años de estudiante, que pronto se ven interrumpidos por la guerra y la cárcel donde aquellos versos de la antología siguen vivos. El recuerdo de la vida escolar y los pupitres–"pocillo de tinta violeta"– sublimado por su conjunción con nombres de poetas dilectos antologados por Gerardo Diego –Juan Ramón, Alberti, Lorca, Huidobro– se completará con textos en cursivas recordados de algunos poemas. Pero ese proceso evocatorio tiene una dinamicidad diacrónica, porque de aquellos años escolares se pasa a los de guerra y prisión para terminar en el café compartido del Paseo de Recoletos, con simpáticas alusiones a la condición silenciosa de Gerardo y a su atención a las bellezas femeninas concurrentes al Café: un verso de *Canciones a Violante* alude con claridad a la poesía amorosa escrita en los años cincuenta por el poeta de Santander y a su posible trasfondo real. Mirada al futuro y despedida con excusa y *captatio benevolentiae* por parte del dramaturgo que escribe prosa en versos, cierra este entrañable poema, nutrido, como el del propio Gerardo Diego, de pertinentes alusiones y referencias dotadas de singular significación.

Las afinidades intelectuales de dos escritores contemporáneos han hallado en estos versos cauce de expresión y de diálogo poético, diálogo de viva voz en el que confluyen vida, respeto, amistad y gusto por la poesía, por encima de cualquier otra consideración.

Apéndice

Gerardo Diego
Retrato en tercetos

Un retrato con palabras se puede hacer en tercetos o en verso libre, o en cualquier género de estrofa. Si se elige la forma de tercetos, es tradicional o lo fue, porque más bien ha caído en desuso la cadena de endecasílabos a la manera de Dante en su *Divina Comedia*. En nuestra poesía clásica, los tercetos encadenados se usaban, sobre todo, para epístolas y sátiras, formas de comunicación pública o privada, pero siempre animadas de propósito moral y, muchas veces, confidencial. Los tercetos monorrimos se han empleado como consecuencia de su uso para himnos y oraciones latinas en la Edad Media. Y fueron los poetas del modernismo los que actualizaron la estrofa, empleándola para diversas intenciones. Rubén Darío, por ejemplo, escribe memorables poesías en tercetos, cada uno de una sola rima que se repite en los tres versos seguidos, y ya toma el verso alejandrino, ya el de arte menor como el octosílabo.

Justamente su retrato, de un gran pintor retratista -retratista y total-, don Francisco de Goya, es modelo insuperable de lo que se puede lograr con palabras, emulando los colores sobre el lienzo o el muro. Y a mi se me ha ocurrido seguir su ejemplo para intentar dibujar a un dramaturgo actual que ha llevado a la escena la genial figura del sordo envejecido. Probablemente no ha sido sólo el recuerdo de Darío y su enfoque de Goya y su pintura el que ha determinado la estrofa para mi retrato. Habrá sido también la sugestión rítmica del nombre del autor: Antonio Buero Vallejo. Antonio Buero Vallejo, como muchos otros nombres de persona en idioma castellano, forma, con sus tres palabras, un octosílabo perfecto. El mío también, con mis dos apellidos, resulta otro octosílabo. De nombres tales, puede arrancar la broma de un ovillejo, o el humor serio de unos tercetos. Y el resultado ha sido éste.

Antonio Buero Vallejo

Lleva como lema el último poema de Rubén

> *De lo que da testimonio:*
> *por tus frescos, San Antonio;*
> *por tus brujas, el demonio.*
> *R.D.*

Antonio Buero Vallejo.
-Pero ¿cómo? ¿otro ovillejo?
-Espera un poco, mi viejo.

El idioma y su tramoya.
El Greco. Velázquez. Goya.
Gerardo Diego Cendoya.

A ocho sílabas por barba
salimos, águila o larva.
Dies irae, dies parva.

Día y noche del estreno.
Todo se pasa en un trueno.
Mañana, cielo sereno.

Sueña Jacob sus fatigas.
Suben, bajan las hormigas.
Pasan años, crujen vigas.

Sí. Buero es el mundo, buero,
buero, buero. Mirar quiero
por el ojo telonero.

Desde la escena la sala.
Desde la sala de gala
la escena y su martingala.

Hablar, sin saberlo, en prosa,
o en verso, es la misma cosa.
La palabra melodiosa.

Aprendidas en tu Alcarria
tus palabras sin fanfarria.
Miel, pan, lágrima, cazcarria.

Mur de Monferrado invita.
Luego al de ciudad visita.
-Qué sustos, Dios, Quita, quita.

Palabras sobre la arena,
las que el viento no enajena.
Palabras desde la escena.

Penélope teje sueños.
Un soñador puebla empeños.
Vuelan monstruos berroqueños.

Y hay que soñar sin embargo,
bien despiertos del letargo.
Porque esto va para largo.

Antonio Buero Vallejo,
mi ermitaño, mi azoguejo,
sigue bruñendo tu espejo.

Antonio Buero Vallejo
A GERARDO DIEGO

Te contaré, Gerardo,
cierta historia secreta.

Dentro de los pupitres
tu Antología brillaba.

Capturábamos versos cual luciérnagas
de Juan Ramón, Alberti, Lorca, Huidobro.

Y tuyos. El pocillo
de tinta violeta
aún competía con la estilográfica.

Albert Samain diría, Vallejo dice...
Y yo, sin decir nada.
Yo no era aquel Vallejo.

(Pensando en otra cosa
cuarenta años más tarde
repito, sin embargo, esas palabras
como un raro estribillo esquizofrénico.)

Estalló la bombona
de sangre, frío, piojos.

Entre disparos, miles de estudiantes
musitaban aún cercanos versos.

Supervivientes joyas
contadas una a una
después, en grises celdas.
Nuestro pobre tesoro.

De tarde en tarde alguna gema nueva.
En un viejo envoltorio de sardinas
hallé la luz verdosa
de tu farol cantábrico
y nunca me abandona el reverbero
de su jugosa pulpa azucarada.

Tu giratoria lluvia
robé más tarde
y en Mayo siempre es mía.

Ahora nos acompañas
en el café, a unos pocos que quedamos,

como si en vez de ser Gerardo Diego
un jubilado fueses.

El luminoso nácar
de una bella cercana nos ignora.
Aún no está dicha la palabra Dicha,
piensas, y yo contigo.
Pero el verso la encierra
nombrada y poseída.

Otros adolescentes
(limpios o ensangrentados, no se sabe)
acopiarán, dichosos, el tesoro.
Renovados Quevedos
te han de oír con sus ojos.

Gracias, Gerardo, por tu centelleo
de claros rayos en mi vida oscura.

La astucia excusarás de estos renglones;
no ignoro, bien lo sabes, que son prosa.

Fue Salvador Jiménez el que relató, con motivo del Curso Internacional que sobre Gerardo Diego se celebró en Murcia en el otoño del año del centenario (1996), las circunstancias en que Molina Sánchez acabó ilustrando el libro de Gerardo Diego, *La suerte o la muerte*. El propio Molina Sánchez me ha confirmado personalmente la realidad de esta historia. En efecto, decidido Gerardo Diego a publicar su libro de poesía taurina *La suerte o la muerte*, que había comenzado en 1941 de forma sistemática y terminado en 1963, aunque el primer poema del libro sea anterior (de 1926), se había encargado al pintor, cuñado de José Hierro, Ricardo Zamorano la realización de los dibujos para esta edición. Pero, dado que tardaba el pintor designado en llevar a cabo tal cometido, Gerardo Diego se impacientó y pidió al pintor Molina Sánchez que hiciese los dibujos para su libro.

Molina Sánchez, sin ser un desconocedor total de la Fiesta, se consideraba sin embargo poco experto en profundidad en las artes taurinas para llevar a cabo la representación de las múltiples escenas que Gerardo Diego precisaba para su libro. Y fue el propio poeta el que en su domicilio, auxiliándose de una toalla, le fue mostrando a Molina Sánchez la posición e imagen de cuantas faenas habría de representar en sus dibujos. Cuenta el pintor que fueron un total de cuatro sesiones, en las que pacientemente Gerardo Diego, sin dar muchas explicaciones, más bien de forma lacónica, le fue mostrando todas y cada una de las figuras del arte del toreo, aunque el pintor también se sirvió de un libro del arte taurino para turistas para completar las representaciones gráficas que el poeta le había solicitado.

Esta divertida anécdota, que nos hace imaginarnos al gran poeta simulando con el auxilio de una toalla, tantas y tantas faenas, encierra sin embargo el origen de una realidad: la espléndida primera edición de *La suerte o la muerte*, uno de los libros más singulares de toda la historia de la poesía española del siglo XX. Singular, por tratarse de uno de los pocos libros completos de poesía taurina, pero también por su calidad poética e imaginación, y, por añadidura, por la excelente ejecución editorial, originariamente para bibliófilos taurinos, en la que se conjugaron tamaños de letra, colores, dibujos, calidad del papel, etc. con una generosidad estética verdaderamente destacable.

En efecto, *La suerte o la muerte* se publica por primera vez en un espléndido libro de cuarto mayor (17 x 24,5 cm.) de 248 páginas, que se terminó de imprimir en los Talleres de Gráficas Valera, de Madrid, en la calle de Libertad, 20, el día 14 de mayo de 1963, víspera, como se indica en el colofón final, de la festividad de San Isidro Labrador, santo por lo demás de lo más taurino que imaginarse pudiera. Todo el libro estaba compuesto en letra de tipo móvil del Elzeviriano Ibarra. Del volumen, se hizo una edición especial de trescientos ejemplares numerados del I a CCC, con una poesía inédita en facsímil autógrafo para Bibliófilos Taurinos. De esa edición, conservo en mi poder el ejemplar CLXXXIII, dedicado autógrafo por Gerardo Diego "A Don Antonio Zamora Navarro, buen aficionado". Al pie de esta dedicatoria el ya desaparecido y buen amigo, prestigioso analista clínico murciano, puso otra dedicatoria que dice: "Para mi buen amigo el Profesor Díez de Revenga, Antonio Zamora, Nov. 86".

La poesía reproducida en facsímil en hoja suelta es "Ayudados por bajo (Continuación)", que Gerardo Diego incluiría posteriormente en su libro *El Cordobés dilucidado y Vuelta del peregrino*, publicado por las ediciones de *Revista de Occidente*, en 1966, donde figura con el subtítulo "(Véase *La suerte o la muerte*, pág. 169) II", en lugar de "(Continuación)" como figura en la hoja suelta, donde también hay una variante respecto al texto definitivo en el verso noveno: "Va arder la guerra en Salónica". He aquí el texto del facsímil:

> Que venga Dios y lo vea.
> El que lo ve es Rafael.
> Solos en el redondel
> él y Juan. Dios se recrea.
> "El Gallo" hizo maravillas:
> quites –largas de rodillas–
> ofreciéndose en exvoto.
> Juan, sublime a la verónica.
> Arde la guerra en Salónica.
> Y José, en el hule, roto.

De la misma edición de *La suerte o la muerte* de 1963 se llevó a cabo una tirada para la venta, de un número no indicado de ejemplares, a los que posteriormente se añadió con un tampón la leyenda "Taurus Ediciones, S. A.", de la que también poseo un ejemplar, sustancialmente idéntico al anterior salvo en el color de la cartulina de la cubierta. Azul para los Bibliófilos Taurinos, crema para los demás mortales.

De *La suerte o la muerte* se han llevado a cabo otras ediciones, todas ellas con los dibujos de Molina Sánchez:

Obras completas. Poesía, edición de Francisco Javier Díez de Revenga, Aguilar, Madrid, 1989, vol. I, pp. 1346-1507.

Obras completas. Poesía, edición de Francisco Javier Díez de Revenga, Alfaguara, Madrid, 1996, vol. II, pp. 346-507.

La suerte o la muerte, Poema del toreo, edición de Andrés Amorós, Biblioteca Nueva, Madrid, 1999. Edición antológica, aunque reproduce todos los dibujos de Molina Sánchez.

Sobre *La suerte o la muerte* han sido varios los estudiosos que han escrito interesantes observaciones y anotaciones, entre las que hay que destacar las realizadas por Andrés Amorós en su edición, que además de reunir, en la introducción o estudio preliminar, cuantos datos son pertinentes para la comprensión del libro, acompaña cada uno de los poemas con comentarios taurinos y literarios que aclaran la significación de personajes, faenas y escenas taurinas.

Destácase en primer lugar la concepción del libro por el poeta como "Poema del toreo", tal como se dice en el subtítulo. Ya señalamos hace años que Gerardo Diego concibió el libro como una gran sinfonía conjunta en torno al arte de la tauromaquia, en el que se conjugaban o conciliaban de manera armónica tanto los poemas dedicados a los grandes toreros y otros aspectos históricos y costumbristas de la Fiesta, expresados en diferentes metros, desde las octavas reales a las seguidillas, pasando por las silvas, sonetos o sextinas, con los dedicados a las diferentes faenas del arte taurino, que van expresados en décimas.

En la edición original, las décimas iban impresas en tinta roja, mientras que el resto de los poemas en tinta negra. Todos ellos comenzaban con la capitular inicial en tinta verde. Los dibujos de Molina Sánchez, denominados "viñetas", que ilustran todas y cada una de las décimas, iban impresos en tinta gris. En las ediciones posteriores, el color de la tinta se unificó al negro.

He aquí la relación completa de las viñetas de Molina Sánchez, ordenadas según aparecen en el libro, y catalogadas con el título de la décima a la que ilustran.

1. Bautizo y brindis. (Figura también en la portada del libro).
2. Primavera del utrero.
3. La tienta
4. El encierro (Pamplona)
5. Pegando el cartel.
6. Joselito (1911)
7. Presidentas en el palco.
8. Paseo de las cuadrillas.
9. Salida del toro.
10. Quiebro de rodillas (Recuerdo de "Bombita").
11. Verónicas gitanas.
12. Media verónica.
13. El espontáneo.
14. Suerte de varas.
15. Caída al descubierto.

16. Quite por verónicas ("Cagancho")
17. El farol.
18. Plaza partida.
19. Citando al quiebro.
20. Par al sesgo.
21. Par al trapecio. Recuerdo de Rafael "El Gallo".
22. La alternativa.
23. Brindis a la Star.
24. Dejadme solo.
25. Cambio a muleta plegada. A Antonio "Bienvenida".
26. Pase de la muerte.
27. Sentado en silla.
28. Natural por alto. A Vicente Pastor.
29. Naturales.
30. Pase de pecho.
31. Cargar la suerte.
32. Ayudados por bajo.
33. Redondos en serie.
34. Trinchera.
35. Molinete.
36. Estocada al volapié.
38. La cogida.
39. Estocada recibiendo.
40. El descabello.
41. Puntilla al jincho.
42. Las mulillas.
43. Final melancolía.

La colección de viñetas es de un encanto notable. Sin duda alguna, destacan aquellas que se refieren a suertes del torero, en las que podemos imaginar al poeta con su toalla componiendo la figura del torero, tal como hemos relatado, pero cuyo resultado no puede ser más expresivo. Destacables son la inicial "Bautizo y brindis", por su compostura y elegancia, pero sobre todo "Quiebro de rodillas" o las dedicadas a las verónicas ("Media verónica" y "Verónica gitana"). "El farol", "Pase de pecho", "Redondos en serie" o "Molinete" sobresalen por su alegría y vistosidad. En lo que a las suertes se refiere, algunas viñetas resultan de lo más informativo y expresivo, ya que hacen referencia a algunos aspectos de la fiesta más recónditos y quizá menos conocidos de los aficionados.

Los dibujos de Molina Sánchez son en este sentido muy informativos y expresivos, en los casos de las viñetas siguientes: la dramática "Caída al descubierto", accidente taurino de no poca gravedad; la "Plaza partida", costumbre hoy totalmente desaparecida de nuestros cosos taurinos; las distintas suertes de banderillas ("Par al sesgo" y sobre todo "Par al trapecio", que revelan cierta especialización); "Sentado en la silla", "Trinchera" o "Puntilla al jincho", sin duda suertes menos conocidas aun de los más aficionados.

No son menos expresivos los dibujos de Molina Sánchez que se refieren a aspectos costumbristas de la fiesta, recogidos igualmente en las décimas de Gerardo Diego. Destacamos por su vivacidad las viñetas "La tienta", "El encierro", "Pegando el cartel" o "El espontáneo". "Presidentas en el palco" aporta la presencia femenina en la fiesta, recogida en un muy expresivo dibujo de dos mozas goyescas, que se completa con la divertida "Brindis a la star", una de las décimas más simpáticas de toda la colección:

> –Va a brindar. –¿A quién? ¿A Eva
> o a Adán? –A la del capote.–
> para oír la buena nueva,
> silencio de bote en bote.
> Boca sentenciosa mana
> requiebro y majeza hispana.
> In albis, peliculera.
> Pero Hemingway Adán
> le traduce –bien, barbián–
> el brindis y la montera.

Que contrasta con la nostálgica "Final melancolía", digno colofón de la expresiva serie de viñetas taurinas:

> Se acabó. Vacié el bolsillo
> de alegrías. Ni una sola
> me queda, ni un centimillo.
> Todo lo llevó la ola.
> Y ahora que el pueblo se aleja
> y sube al cielo la queja
> de la tarde que se enfría,
> el tedio, sutil, me muerde
> y en el aire se me pierde
> la mansa melancolía.

De esta forma, y de otras muchas, imaginó la fiesta taurina en su palabra poética el gran Gerardo Diego y tradujo a las líneas de sus dibujos con no menor expresividad el no menos grande José Antonio Molina Sánchez.

Gerardo Diego escribió un precioso soneto con referencias directas a Murcia, que no ha pasado inadvertido a diversos lectores y estudiosos. Ismael Galiana, en su libro *Murcia imaginada* (2005), en el que comparecen personajes de nuestra historia reciente y remota, parajes, calles y rincones, estampas de una Murcia de ayer revividas con la pasión del urbanita impenitente, ha recordado la estancia en Murcia de dos poetas del 27, Jorge Guillén y Gerardo Diego, que dedicaron varios poemas a la ciudad de Murcia y a sus calles y monumentos. Don Jorge, catedrático de Literatura Española en la Universidad de Murcia entre 1926 y 1929, evocaba la ciudad en "Panorama" o "Calle de la Aurora", poema escrito ya en los años cuarenta en su exilio norteamericano, en Massachussets. Don Gerardo compuso desde la torre de la Catedral un famoso soneto, "Augurio", que figuraría al frente de *El ámbito del lirio*, libro de Francisco Cano Pato. Posteriormente, el poeta lo integraría en su libro *La rama*, publicado en 1961.

He aquí el texto del soneto, tal como figura en *Obras completas*:

Escucha, amigo. Bulle la tartana,
crujen y verbenean verdes hojas
de la morera y tuércense en congojas
hilos de plata de una seda anciana.

"Hilarás tu memoria" en la mañana,
en la tarde de un día –oh tierras rojas,
oh estrellas ya en la noche, oh paradojas
de eternidad efímera huertana–.

Aprende, amigo, goza del Segura.
sube a la reina torre a distenderte
en círculos de lumbre y de verdura.

Que ella vendrá, murcianamente esquiva,
en una eternidad cantada y viva,
con palabras al filo de la muerte.

En el contexto "imaginario" de su libro, ya que lo que hace Ismael Galiana es escoger de aquí y de allá los textos más felices y permanentes, para mostrarnos la fuerza vital de una ciudad en su historia, esta Murcia imaginada que no deja de sorprender en cada página de este bello libro, ilustrado con generosidad y, lo que es más importante, con ingenio, ya que cada una de las imágenes cuadra muy bien con las historias y los personajes de este relato inmenso y común. En este contexto sitúa Galiana el soneto, que pone en relación con una de las visitas a Murcia de Gerardo Diego, tal como explica con todo detalle: "El poeta ultraísta y del creacionismo Gerardo Diego se acerca una tarde a ver la Torre. Le han hablado maravillas, como que tiene cinco cuerpos estilísticos diferenciados: renacimiento italiano, renacimiento español, barroco, rococó y neoclásico; las obras del conjunto catedralicio se pagaron en incómodos plazos con los diezmos y limosnas de la seda, duraron doscientos setenta y dos años de nada, ¿qué son comparados con la eternidad? ; se puede subir en carroza de seis caballos con mucha comodidad hasta las campanas, según ha leído él en un viejo recorte del *Diario de París*, entre una veintena de ellas *Mora*, *Santa María* y *Trinidad*, fundida ésta por Pedro de Agüera *El Mudo*, y por último y no menos curioso que en sus dieciocho rampas y planta de conjuros se acogían a sagrado, en uso del derecho de asilo reconocido y aceptado por la Iglesia, a quienes hubieran cometido determinados delitos y huían de la justicia ordinaria, por ejemplo al que mata con traición o con asechanza, aunque no al público ladrón, al robador destructor de mieses y que lo hagan de noche. El vate y catedrático de instituto está flanqueado en su visita a la Torre por las jóvenes promesas poéticas y periodísticas de la localidad Salvador Jiménez, del barrio de Carmen, y Jaime Campmany, de la calle Algezares. Gerardo parece sacado de un figurín de la época, tal la pose que adopta, el traje oscuro con chaqueta cruzada, camisa blanca, corbata a rayas, pañuelo a juego en el bolsillo superior y el sombrero que le ha regalado Carlos Ruiz Funes. Salvador viste con algún desgarbo y chaqueta y pantalón lucen más arrugas de las estrictas y estéticamente bellas, y Jaime se aproxima en elegancia al maestro con un conjunto de sport. Jiménez y Campmany le preguntan al autor del soneto al ciprés de Silos si la Torre murciana le inspira, al menos, catorce versos endecasílabos distribuidos y repartidos en dos cuartetos y dos tercetos: *Oh sí, pero denme tiempo, unos minutos, mientras tomamos café y una copita de absenta*. No apura siquiera el plazo que se ha concedido él mismo. Al primer sorbo de la fuerte y literaria bebida alcohólica el soneto le fluye por su boca. Es un profesional, no cabe duda, de la métrica" (2005: 60-62).

Dos son las visitas a Murcia de Gerardo Diego que Ismael Galiana funde en esta entrevista, sin duda "imaginaria" que relata en el párrafo anterior. Sabemos por la precisa y detallada cronología que Elena Diego ha realizado de las actividades de su padre, que en aquellos años cuarenta Gerardo Diego realizó tres visitas a Murcia, además de otra realizada en la Semana Santa de 1926, cuando fue acogido por Juan Guerrero y vio la procesión de Viernes Santo, momento en el que dedicó otro conocido poema al paso de la

Oración de Salzillo, titulado en principio "El paso de la Oración en el Huerto", un poema escrito con recuerdos de su primera visita, cuando presenció la procesión de Viernes Santo de aquel año, tal como refiere con todo detalle en su radiotexto "El paso de la Oración en el Huerto" (1997: V, 602-603). El título definitivo del poema será "Nave de Getsemaní (Procesión)", y con él aparecería en el libro de Gerardo Diego titulado *Versos divinos*, en 1971:

> ¿Qué es lo que allá se aparece
> orzando en la procesión?
> Un olivo que se mece
> y que escora hacia el balcón.
> Cómo fue, nadie lo sabe,
> pero allí viene la nave
> y el árbol de arboladura.
> Vuela entre plata y ceniza
> Ángel o Ángela echadiza
> con el Cáliz de amargura.
>
> ¿Quién tan bello lo soñara?
> Cómo se acerca temblando.
> A la luna de su cara
> ya está el primer sol besando.
> Sangra de espanto la Copa
> y el latido se sincopa
> bajo los morados pliegues.
> Vara la nave un instante,
> un instante alucinante.
> Jesús mío, no te entregues.
>
> Él mira el Cáliz, despierto.
> Duermen Juan, Pedro y Santiago.
> La nave, buscando puerto,
> reanuda el tránsito aciago.
> La Sangre rompe las venas.
> Los claveles lloran penas
> de las más rojas que vi.
> Y palpitando penoles
> allá va, alta de faroles,
> nave de Getsemaní."

Destacamos en este poema el trasfondo real de la procesión murciana de Viernes Santo, tal como el poeta dejó documentado en el radiotexto antes mencionado. Y, desde luego, la estética de la representación está plasmada en el símbolo, procedente de una metáfora formal, del paso como nave, que va abriéndose camino entre el mar de las calles y la gente. El mástil del barco es el olivo y la sensación de movimiento total, ya que el barco parte de Getsemaní, entre claveles rojos—sin duda, el adorno foral del paso— mientras que los tres apóstoles duermen. El centro del poema es, como no podía ser menos, el Ángel, con su indefinición sexual y con su anacronismo que marca la distancia entre la luz nocturna procedente de la luna, en la noche en que la

escena sucede, reflejada en la cara del Ángel, y el sol de la luminosa mañana murciana de Viernes Santo, cuando el paso, en la calle, muestra todo su
esplendor ante el asombro de los que presencian la procesión.

Y, según la cronología de Elena Diego, tres son las vistas constatables en
los años cuarenta: "1944. DICIEMBRE: Lee su "Nueva Cantiga de Santa
María de la Arrixaca" en Murcia, durante la conmemoración del centenario de
la Conquista por Alfonso X el Sabio. Participan también Ramón Menéndez
Pidal y Eduardo Marquina.- 1946. NOVIEMBRE: Viaje de estudios a Murcia,
Alicante y Valencia con las alumnas del Instituto Beatriz Galindo.- 1949. 4 DE
JUNIO: En Murcia, conferencia en la Asociación Cultural Iberoamericana
titulada 'Las manos en la poesía' ".

La visita a la que se refiere Ismael Galiana es la de junio de 1949, de la
que se conserva una fotografía en la que figuran junto a Gerardo Diego,
Salvador Jiménez, que en ese momento tiene treinta y un años, y Campmany, con veinticuatro años recién cumplidos. Recordemos que la Asociación
Cultural Iberoamericana era un instrumento de difusión cultural de aquellos
años cuarenta, de los pocos que había en la ciudad, que dirigía Adolfo Muñoz Alonso. Sin duda, los dos discípulos del singular filósofo, Jiménez y
Campmany, hicieron los honores a Gerardo Diego, y vestidos con trajes de
verano (era el 4 de junio) se retrataron en la puerta de la catedral, en la Plaza
de la Cruz.

Pero el soneto que nos ocupa es bastante anterior, por lo menos de
1941, ya que estaba destinado al libro El ámbito del lirio. Francisco Cano
Pato (Murcia, 1918-Murcia, 1977) fue uno de los poetas más significativos
del grupo Azarbe, al que pertenecieron poetas representativos de la Murcia
de entonces: Juan García Abellán, Jaime Campmany, Salvador Jiménez,
Gonzalo Sobejano, y otros muchos, que formaron sin duda la promoción
poética más interesante que se inicia en la primera posguerra en Murcia.
Cano Pato se dio a conocer al obtener en 1942 el Premio "Polo de Medina",
que concedía entonces la extinta Excelentísima Diputación Provincial de
Murcia, el galardón más codiciado por los poetas de aquellos años, con su
libro El ámbito del lirio, que, al publicarse, prologaría con este precioso poema el gran poeta Gerardo Diego. En vida sólo publicó dos obras: la citada, El
ámbito del lirio (1943), compuesta de dos partes, tituladas Voces enamoradas (1942) y Tránsito (1941); y su segundo libro, al que le dio el título de
Imagen y verso (1948), que apareció en la colección de Azarbe. A su muerte
se reunieron en un solo volumen estos dos libros y el que dejó el poeta
preparado para su publicación, La palabra encendida (1977), junto a una
serie de poemas sueltos bajo las denominaciones de "sonetos" y de "varia"
en un volumen de Poesías completas, que recibió el título general
del último libro La palabra encendida. Prologaría este valioso conjunto el
Profesor Mariano Baquero Goyanes, quien señala que "tal fue la palabra
encendida de Cano Pato, el instrumento del que dispuso siempre para sentirse en pugna con la palabra inútil del mundo, y a la vez, reconciliado con la

belleza de éste. Esa *palabra encendida* le permitió esforzarse en *trascender* cuanto le rodeaba para llegar al mágico *ámbito del lirio*, a los dominios del mundo trascendido, al recinto de la poesía" (1997:15).

Sobre el famoso soneto y su ejecución por Gerardo Diego, así como el intermediario que propició su publicación, hay otro testimonio, olvidado, que aporta datos muy interesantes, del novelista murciano Manuel Fernández-Delgado Marín-Baldo, titulado, divertidamente, "Corte y confiteor", que reproducimos en su totalidad. Es un texto escrito para un homenaje a *Verso y Prosa*, en 1977, con motivo del cincuentenario de la revista:

"Esta es la segunda vez –y para mayor gravedad, *coram populo*– que tengo que avergonzarme de no haber leído a su tiempo *Verso y Prosa*. La primera fue memorable y su rememoración va a permitir que me entre –no que me salga– por la tangente.

Pero, entremedias, permítaseme una breve información exculpatoria. Porque, como ha dicho recientemente el Prof. Tierno Galván, hay para casi todo un *consensus*, insoslayable también en esto de la literatura. *Mea culpa*, desde luego, pero acéptense, al menos, las atenuantes. Cuando dejó de publicarse *Verso y Prosa*, yo acababa de estrenar mis dieciséis años, y aún no tenía contacto con ninguna tertulia o cenáculo literario. Era ya, es cierto –y en eso no he variado–, un francotirador de la literatura local, pero, limitado a mis propios medios, aún no había llegado en poesía a la Generación del 27. Creo que los primeros versos de esa todavía innominada Generación se los oí recitar en el otoño de 1930 a quien, ya *divo* con todas sus consecuencias después de nuestra guerra, dudo que volviera a recitarlos en público. Para uno exclusivamente de estudiantes, en un aula con gradería de la Universidad Central, González Marín tuvo que repetir, tras una clamorosa ovación, el lorquiano "Romance de la casada infiel". De nuevo en Murcia, años más tarde, y quizá el mismo en que fue publicada –1934–, descubrí en la biblioteca del Círculo de Bellas Artes –¿cuándo otra exposición evocadora, querido Manolo?– la antología de *Poesía Española. Contemporáneos* de Gerardo Diego y, con ella, a los poetas del 27. (Entonces, sin mentor, y digo esto porque la de *Poesía Francesa Moderna* –precursores, parnasianos, simbolistas– fue el pintor Joaquín quien la sacó del estante para leerme extasiado aquello de Mallarmé: "Yo quise ser un tiempo, duquesa, más que un vate – el Hebeo pintado en tu tacita enana..."). La Antología de Gerardo Diego constituyó, para mí y los compañeros de "piña" amistosa, un auténtico camino de Damasco. En adelante, íbamos a sentir acerca de los poetas del 27 la ardiente fe de los conversos y el fanatismo de los afiliados por convicción a una secta o partido... Pasan más años todavía. A la guerra sucede la Posguerra - y ya estamos llegando a la anécdota, al "corte"...

La Diputación convoca su primer concurso de premios. El de poesía –a medias con Dictinio del Castillo Elejabeytia– es para Paco Cano. Este le pide un prólogo a don José Ballester, quien –siempre modesto y generoso– lo consigue, en forma de soneto, para el libro de Paco *El ámbito del lirio*. Poco después tenemos en Murcia al propio Gerardo Diego en persona, parece que como jurado en un concurso de "Coros y Danzas". Paco Cano me llama en su auxilio y así nos reunimos tres tímidos: él, Gerardo Diego y yo (en ciertos momentos, se amplía hasta el cuarteto con la presencia de Ballester). Presumible y temible coyuntura: una pareja de novatos frente al consagrado. ¡Qué esfuerzos inauditos para brindarle, al menos, un tema y dejarle en el uso de la palabra, rodeado de un silencio tenso y admirativo! En esta situación, paseo por el Malecón a la luz de la luna, aperitivo junto al ventanal de un café de Trapería, visita a casa de Paco, donde sus padres, con más mundo, consiguen dar un tono de naturalidad al diálogo y Gerardo Diego accede a tocar –muy bien– al piano ya no me acuerdo que... Y –antes, casi seguro, de esta visita–, café de sobremesa en el Casino, con el valioso refuerzo de Ballester. Se habla lógicamente de literatura. Por ejemplo, del busilis de un título de Unamuno: *La agonía del cristianismo*. Me atrevo a recordar, sin demasiado éxito convincente, la etimología. Se habla también de Valle-Inclán y de lo bárbaro que es a veces, no ya en las *Comedias Bárbaras*, sino hasta en algún detalle de las *Sonatas*... Y le llega el turno a la poesía contemporánea. Entonces, voy yo, tan pancho, satisfecho de poder decir algo amable y oportuno de todo corazón y sin hacer la pelota, y le declaro al autor:

–Su Antología fue para nosotros un descubrimiento...

Y don Gerardo, con su rostro inescrutable, correctísimo, acaso por modestia, responde:

–Pues realmente aquí, en Murcia, todo eso lo había ya descubierto Verso y Prosa...

¡Qué corte, como dicen ahora los jóvenes con la más rigurosa propiedad semántica! Me quedé tan cortado, que ni se me pasó por las mientes alegar lo de mis dieciséis años y demás que apunté al principio.

Ahora estoy esperando ansioso la edición facsímil para -más vale tarde que nunca- redimirme al cabo de este sentimiento de culpabilidad que me acompaña desde los años cuarenta".

Se pueden, por lo tanto, confirmar algunos datos más sobre el soneto y las vistas de Gerardo Diego. En primer lugar, que el intermediario fue, como era lógico, José Ballester, que fue quien consiguió el soneto para el libro de Cano Pato. De la relación de Ballester con los poetas del 27 poco hay que añadir a lo que ya he investigado. Desde luego, hay que recordar que Gerardo Diego sería uno de los pocos poetas de su generación que colaboró en la revista *Sudeste*, dirigida por Ballester entre otros, en la década de los treinta, además de gestor del *Suplemento Literario de La Verdad*, con Juan Guerrero Ruiz, en la década anterior, periódico en el que colaboró también asiduamente, como luego lo haría en *Verso y Prosa*. Y un nuevo dato, que queda por investigar: la presencia en Murcia, en los primeros años cuarenta, para participar en un jurado de Coros y Danzas, de Gerardo Diego. De aquella estancia en Murcia, ya tenemos, por el texto trascrito, algún testimonio curioso, como la visita del poeta de Santander, con recital de piano incluido, a la casa de los Cano Pato.

Respecto a "Augurio", hay que señalar en primer lugar, que constituye una exaltación de la torre de la catedral de Murcia puesta en relación muy acertadamente con el cultivo de la seda, industria tradicional murciana, que debió seducir a Gerardo Diego en alguna de su visitas, y que, desde luego, inspiró parte del soneto. Pero, como no podía ser de otro modo en Gerardo Diego, el recuerdo de otro soneto, éste del Siglo de Oro, forjó parte de la inspiración del poema contemporáneo. Y no dudó en reproducir entre comillas parte del texto del soneto áureo recordado, la frase "hilarás tu memoria", tomada aunque no literalmente de este soneto de Góngora que también tiene que ver con el cultivo de la seda, soneto de 1593, dedicado "A don Cristóbal de Mora":

> Árbol de cuyos ramos fortunados
> las nobles moras son quinas reales,
> tenidas en la sangre de leales
> capitanes, no amantes desdichados;
>
> en los campos del Tajo más dorados
> y que más privilegian sus cristales,
> a par de las sublimes palmas sales,
> y más que los laureles levantados.
>
> Gusano, de tus hojas me alimentes,
> pajarillo, sosténganme tus ramas
> y ampáreme tu sombra, peregrino.
>
> Hilaré tu memoria entre las gentes,
> cantaré enmudeciendo ajenas famas,
> votaré a tu templo mi camino.

Según anota cuidadosamente Biruté Ciplijauskaité, "es el primer soneto cortesano de Góngora", y añade que, según Salcedo Coronel, "entre todos los sonetos de Don Luis, ninguno hallo más digno de alabanza que éste". Transcribe también la opinión de Robert Jammes, quien sugiere que probablemente lo entregó al Marqués durante su estancia en Madrid en 1593. "Construido sobre la metáfora de un moral: juego parecido al de laurel (Laura) de Petrarca, y 'tasso'". "El moral o la morera, árbol de cuyas hojas se alimentan los gusanos de seda representaría simbólicamente el apellido del tal don Cristóbal de Mora que era de provenencia portuguesa y , por ello, se alude a las armas del reino de Portugal que representan cinco escudos azules puestos en cruz, llamados quinas reales". Los amantes desdichados son, según Ciplijauskaité, Píramo y Tisbe, "cuya muerte hizo que las moras adquirieran color morado, y contraponiéndola a la muerte heroica en el campo de batalla". Según Salcedo Coronel, en el verso 5, se alude a Lisboa, donde los Mora tenían su casa y la referencia *dorados* es alusiva al oro que lleva el Tajo. Quedan claras las consiguientes referencias a las palmas y a los laureles. Y, a partir del verso 9, comparece el cultivo de la seda, con la presencia de los gusanos de seda que se alimentan de hojas del moral; según Salcedo Coronel, es, además, símbolo de la prudencia. Por supuesto, la alusión más directamente relacionada con el soneto contemporáneo figura en los versos 12-14, explicados así por Ciplijauskaité: "Como el gusano de seda, hilará ricas alabanzas con qué vestirle; cantará superando la voz que alaba a otros; irá a venerarle como peregrino" (1968: 53-54).

El soneto de Gerardo Diego adopta, junto al motivo tradicional del "carpe diem" ("goza del Segura"), una invitación a gozar de la naturaleza mudable y efímera, pero llena de hermosura exaltada en diferentes horas del día (mañana, tarde y noche), junto al río Segura. Al mismo tiempo transmite un trasfondo moral y didáctico ("aprende, amigo") en forma de aviso, para asegurar que solo la memoria hará permanente ese instante y lo eternizará hasta el filo de la muerte. Posiblemente, Gerardo Diego pudo recordar el poema de Polo de Medina "Ocios de la soledad", invitación a gozar de la naturaleza huertana y del río Segura, en el que el poeta Jacinto invita a su amigo Liseno a disfrutar del campo en un extenso poema, que termina con una muy barroca y bella alusión a hacer este retiro y gozar del río Segura:

> A tanta majestad de arquitectura
> a tanta reina y a grandeza tanta
> con labios de cristal besa la planta
> retórico el Segura,
> pues antes de llegar, por veinte gradas
> bachilleres gradúa sus cristales,
> presas de tantos siglos aprobadas,
> grave inmortalidad de los romanos,
> enteros pedernales,
> al curso del cristal contradicciones,
> que descendiendo va por escalones
> y, rizando al bajar su hermosa greña,
> precipicio de plata, se despeña,
> y exaltando los cielos soberanos
> llega a ser pez en él cualquier estrella,
> y diluvio del aire, sus espumas
> bellas anegan animadas plumas.

Que tal como anotaba José María de Cossío, parece transcripción poética de esta descripción de Cascales en sus *Discursos Históricos*: "Este río Segura, un cuarto de legua antes de que entre en la vega de Murcia, tiene una grande pieza de piedra y cal, la mayor y más costosa que hay en España, porque está atajado de sierra a sierra más de 250 varas de largo, hasta venirse a abrazar la sierra y ceñir el río; por la parte de abajo y cimientos de él tiene ciento cincuenta varas de pie, desde donde suben unas gradas, a modo de escalera, a la parte de arriba en que remata con una mesa y plano de 18 palmos de ancho, la cual tiene de alto 40 palmos, con que se ataja toda el agua de dicho río y se reparte en dos acequias muy grandes que le sorben la mitad del agua...". A esta presa, que aún hoy se conserva y cumple la misma función descrita por Cascales, se le denomina "Contraparada" (1987: 205-206).

Sin duda, Gerardo Diego estaba totalmente inmerso en el ambiente murciano que este soneto trata de transmitir. Y quizá la prueba mayor de esta implicación sea el término *tartana*, que figura en el primer verso. Según las cuatro acepciones que da el DRAE, tartana es, respectivamente, *embarcación*, *carruaje*, *cosa vieja* y *red de pesca*, pero en ninguno de los casos alude a la acepción murciana de esta palabra, que podemos ver en los vocabularios del dialecto murciano de García Soriano y Alberto Sevilla. Según el primero se trata de "andana de zarzos cubiertos con ropas y *retaleras*, donde se cría el gusano de seda" (1980: s. v.) y, según el segundo, con argumentos de autoridad: "Zarzo con arquillos de caña para poner al sol los gusanos de seda cuando son pequeños. La *tartana* se cubre con mantas o cobertores para moderar los rayos solares". "Sobre las sillas ha de tender los zarzos, los aros y las mantas con que ha de formar la tartana, estufa rudimentaria en la cual el gusano revive sin que le dañe el sol." R. Amador de los Ríos, *Mur. y Alb.*, pág 291. "Después de las dormidas limpian las tartanas de excrementos y hojas secas." M. Ruiz-Funes, obr. cit., pág. 196" (1990: s. v.). Y finalmente, Diego Ruiz Marín, entre cuyas autoridades cita el soneto de Gerardo Diego que nos ocupa: "*tartana*. f. Zarzo de tamaño inferior al normal, con arquillos de uno a otro lado de su ancho, unidos por cañas paralelas a las del zarzo, que se cubren, formando arcada, con sábanas, lienzos o mantas retaleras, para sacar al sol los gusanos en los primeros días de crianza. El nombre se da por su parecido, en cuanto a la cubierta, con el carruaje llamado tartana, muy usado en la Huerta y Campo de Murcia". Cita a Alberto Sevilla: "Zarzo con arquillos de caña para poner al sol los gusanos de seda cuando son pequeños. Se cubre con mantos o cobertores para moderar los rayos solares". A Gerardo Diego: "Escucha amigo. Bulle la tartana, / crujen y verbenean verdes hojas / de las moreras y tuércense en congojas / hilos de plata de una seda anciana". Y a Jaime Campmany: "Se iba a la Estación en tartana o, más propiamente, en galera, porque tartanas, entonces, eran también los zarzos de caña cubiertos de ropa donde criaba el gusano de seda". (J. Campmany. *El callejón del gato*. p. 171)" (2000: s. v.).

Son otros muchos los componentes del poema que reflejan su relación con Murcia, con su ambiente, con sus labores y costumbres, desde el sonido de los gusanos desenvolviéndose entre las hojas de la morera, y certeramente reflejado además de con el verbo *bulle* con *verbenean* (que el DRAE define como "gusanear, hormiguear, bullir", con raíz etimológica en anticuado *vierben*, que significa *gusano*), hasta la sana costumbre de subir a la torre de la Catedral y contemplar desde allí la lejanía del paisaje, con acertada síntesis metafórica, "en círculos de lumbre y de verdura". Mientras el tiempo, desde arriba, transcurre y fluye, será la memoria, "murcianamente" esquiva (como, por fin, consagra el poeta, con adverbio tan singular, la relación de su poema con la ciudad de la Segura), la que hará permanecer eternamente en la palabra poética el gozo y la distensión del panorama desde la torre. Por encima del tiempo, la poesía se mantiene con sus palabras hasta el mismo final. Y, como era lógico y esperable, el poema de Gerardo Diego dialoga con la poesía del joven Cano Pato, que en un poema inicial, "Bajo un dintel de acacias floreciente", asegura, en uno de sus tercetos (1997: 43):

> Viviste aquel instante como mora
> toda una eternidad el pensamiento
> que en el alma del verso se atesora.

Versos en los que Baquero Goyanes encontraba una "significativa identificación" entre eternidad y poesía, "válida para la *poética* del autor" (1997: 11). Los versos de Gerardo Diego fueron, por tanto, el pórtico adecuado para un libro al que el poeta de Santander pronosticaba o profetizaba permanencia y eternidad. Tal es el "augurio" que proclamó, para su joven amigo, desde lo alto de la torre de la Catedral, desde el mismo lugar en que otro poeta del 27, Jorge Guillén, unos años antes, evocó en una indeleble décima la visión total, desde la torre, aunque más detenida en las calles inmediatas que en el campo y la huerta como hace Gerardo Diego. El primer *Cántico*, de 1928, ya recogía esta décima, "Panorama", fechada el 2 de noviembre de 1926, según anota Blecua (1970: 183-184), publicada por primera vez en el número 1 de *Verso y Prosa*, en enero de 1927, y escrita, al parecer, en lo alto de la catedral, en una visita con un grupo de amigos:

> El caserío se entiende
> Con el reloj de la torre
> Para que ni el viento enmiende
> Ni la luz del viento borre
> La claridad del sistema
> Que su panorama extrema:
> ¡Transeúntes diminutos
> Ciñen su azar a la traza
> Que con sus rectas enlaza
> Las calles a los minutos!

14
JOSÉ HIERRO

La fidelidad a los primeros impulsos críticos, de buen conocedor de la poesía, y su demostrada intuición a la hora de juzgar a poetas jóvenes, definen los juicios que conservamos de Gerardo Diego en torno a la poesía de José Hierro, algunos expresados de forma monográfica y otros englobando la figura y la significación del poeta de *Alegría* en el panorama conjunto de la lírica de todo un tiempo de España, sin contar algunas menciones aisladas de Hierro citadas en fecha bien temprana como poeta del amor (1950) y como poeta navideño (1952).

De 1947 es el texto más antiguo que conocemos de Gerardo Diego sobre José Hierro. Como todos los textos que comentamos en este capítulo, se halla recogido en el libro conjunto de Gerardo Diego-José Hierro, *Cuaderno de amigos* (2005). Es un texto de presentación y, sin duda, el título, "Un poeta nuevo" es lo suficientemente expresivo. Parece sugerido por la concesión del premio Adonais al joven poeta de veinticinco años por su libro *Alegría*, que Gerardo cita, aunque lo considera bajo "secreto de sumario", con seguridad porque lo ha conocido como jurado del premio. Prefiere hablar de lo que ya lleva hecho Hierro, y, en especial, del libro *Tierra sin nosotros*, publicado en ese 1947. Tras aludir al término "tierra", presente en tantos títulos de poemarios de la época, a Gerardo le interesa destacar la autenticidad de la tierra utilizada por Hierro, y sobre todo referirse al sentido de ausencia que marca la interpretación del poeta. Evocado en Santander, los elogios no se hacen esperar. Rendido ante la fluidez de su verso, ya señala (¡y en 1947!) la que será una de las notas que habrán de caracterizar la poesía de José Hierro, el verso eneasílabo, "que le brota o brotaba inevitable al compás de su andadura peatonil", con una consiguiente broma del conocido verso de Ovidio: "Quidquid tentabant dicere, versus erat": "Todo lo que intentaba decir, me resultaba en verso". célebre pentámetro de Ovidio en los *Tristes* IV, cambiado a la sugerencia caminante del poeta evocado.

Paternal y maestro, Gerardo señala algún pequeño defecto al impulsivo poeta, que sabe que ya ha corregido, pero lo definitivo es el convencimiento de que se halla ante un futuro indiscutible: calidad humana, ternura, belleza, riqueza y veta auténtica de poesía son alguno de los argumentos que le convencen. Por supuesto, el poema elegido para glosar la nueva poesía del joven es también un acierto: "Canción de cuna para dormir a un preso", relacionado muy discretamente (estamos en 1947) con "este mundo desventurado de insomnios y esclavitudes".

El artículo se publicó en *ABC*, el 16 de julio de 1947. Se conserva en los archivos de la familia de Gerardo Diego otro texto que coincide en gran parte con el publicado en el *ABC*, titulado "José Hierro", escrito para el *Panorama Poético Español* (Original, sin fecha, 2641 PPE L 6). De él se suprimieron algunos fragmentos para la edición definitiva, que apareció en el periódico madrileño y figura en las *Obras completas*, que pueden ser de interés. Así, en las referencias a Hierro e Hidalgo, se dice: "Hace unas semanas os hablé del poeta José Luis Hidalgo, muerto en la flor de su juventud, el poeta de *Los muertos*. Hidalgo y Hierro se hallaban unidos por lazos de paisanaje, de promoción cronológica, de comunes aficiones y, sobre todo, de entrañable amistad. Su primer libro, un libro a medias con poemas y dibujos en un solo ejemplar autógrafo, fue escrito hace 9 años, cuando ambos eran todavía dos chiquillos. Desde entonces, vine siguiendo sus pasos con vigilante atención y anotando las fases de crecimiento espiritual y técnico con la natural alegría de coterráneo y amigo de ellos y de la poesía. Hidalgo, pálido, grave, concentrado, ya partió para el último viaje. Y nos queda este muchacho fornido, expansivo, generoso, cuyo rostro campesino se arrebola como con el hierro de su apellido, ni más ni menos que las minadas montañas rojizas del paisaje natal. José Hierro trabajando ayer en una fábrica de Torrelavega, hoy en otra de Maliaño, y robando ratos perdidos al reposo nocturno o a la caminata matinal o vespertina para componer novelas o rimar poemas nacidos de un corazón exuberante. De las novelas de Hierro aún no conozco nada. Es seguro que no serán vulgares. Pero de los poemas siempre he respondido y aquí está para no dejarme mal esta *Tierra sin nosotros*."

Como curiosidad añadida, anotemos que en el texto definitivo, como se puede advertir en *Cuaderno de amigos* (2005: 37-40), Diego cita una serie de títulos que llevan en su literal la palabra tierra. Los cita sin decir sus autores. En el texto de *Panorama Poético Español* se recogen también los autores y son los siguientes: "*Pasión de la tierra* de Vicente Aleixandre. *La tierra amenazada* de José Suárez Carreño. *El corazón y la tierra* de Rafael Morales. *Tierra sin nosotros* de José Hierro. *La prometida tierra* de Enrique Sordo."

Cuando alude al "autor de uno de ellos, excelente poeta…" que protestó porque le había plagiado el título de tierra, en el *Panorama Poético Español* se dice quién es: Rafael Morales. Y al final, tras reproducir la "Canción de cuna para un preso" completa el radiotexto con una frase que no figurará en la versión periodística: "Como veis, José Hierro es un gran poeta o yo no entiendo nada de poesía".

Como se advierte, en este artículo se alude a un libro escrito por Hierro e Hidalgo, que será recordado en muchas otras ocasiones por Diego, del mismo modo que la visita en que conoció a los dos poetas. Así, en el radiotexto escrito para *Panorama Poético Español*, titulado "Recuerdo de Hidalgo" (2000: VIII, 820-823, fechado ahí en 1946, número, 11), se refiere lo siguiente: "Desde aquel mozo de 17 años que en compañía de otro que tal, Pepe Hierro, se acercó un día hasta mi casa de Santander para ofrendarme un ejemplar hoy lastimosamente perdido, caligrafiado e ilustrado con dibujos de los dos poetas, hasta el esforzado silencioso luchador contra la muerte del sanatorio de Chamartín, una breve vida de poeta ha ahondado de forma impresionante la intuición del misterio que año tras año la inspira poetizaciones progresivamente lúcidas y justas."

Sin duda es a este texto al que se refiere en el *Panorama Poético Español* antes aludido cuando mencionaba a los dos poetas y a la famosa visita, que aparecerá en más de una ocasión, en los textos que recogemos, tanto de Diego como de Hierro. Así en otro artículo del poeta de Santander, titulado "Diez años ya", y aparecido en *Alerta*, el 3 de febrero de 1957, en el que, recordando al poeta Hidalgo a los diez años de su muerte, se insiste en la importancia de aquella visita y en lo lamentable del extravío del libro, al que se le da la siguiente trascendencia: "Con su extravío desapareció el acta fundacional de una nueva era de la poesía santanderina, la más rica y jugosa de todas las que se vienen sucediendo desde casi un siglo a esta parte. Menos mal que ese ímpetu de arranque, desde la libertad imaginativa de un post-creacionismo, bien impregnado, de emoción dolorosa como de quienes estaban ya aprendiendo en tan verdes años la crueldad de la vida, se conserva intacto en sus libros primerizos, algunos de cuyos poemas son una continuación, si no los mismos, de los que integraban el libro perdido."

Del mismo año 1947, es otro texto de gran interés, en el que cita a Hierro en último lugar de una serie de poetas de "La última poesía española", que es como se titula el artículo originariamente publicado en la revista *Arbor* y recogido en *Obras completas* (2000: VIII, 672-681), breve mención para señalar con seguridad premonitoria lo siguiente, tras mencionar la obtención del premio Adonais, por el libro *Alegría*: "Hierro es uno de nuestros poetas de más seguro porvenir y de más rico presente."

Justamente este premio y la convocatoria de 1947 serán objeto de otro artículo de Gerardo Diego, "La poesía y los premios", aparecido en *La Nación* de Buenos Aires, también en 1947, que se cierra con la siguiente post data: "*P. D.* El jurado ha emitido su fallo. El primer premio al poeta José Hierro, de Santander con su libro *Alegría*. Un gran libro y un gran poeta. El comentario para el momento de su publicación".

No podemos dejar de citar, por ser nombrado en él José Hierro en fecha muy temprana (1949), el artículo dedicado a Manuel Arce, a la editorial "La Isla de los Ratones" y al grupo de poetas y artistas santanderinos, que se dio a conocer en *Panorama Poético Español* con el título de "El poeta en su isla" (2000: VIII, 805-806). Allí se indica que "el tema del otoño ha sido cantado por Hierro en poemas de intensa belleza y más coloreada que la gris y sobria de Arce", sin que esto suponga menoscabo de los méritos poéticos del poeta y editor santanderino, elogiado en todo el artículo sin reserva alguna.

Será en *El Alcázar*, el 25 de agosto de 1950, cuando aparece el artículo de Gerardo Diego, reseña del libro de Hierro, *Con las piedras, con el viento*..., publicado ese mismo año, en Santander, con una expresiva dedicatoria, en forma de "prólogo a Gerardo Diego", que recogemos en *Cuaderno de amigos* (2005: 49-50). Naturalmente los juicios del dedicatario sobre el libro son muy positivos, aunque no por ello exentos de cierta objetividad poética, que Diego solía imprimir con sutileza a sus opiniones sobre los libros de poesía que comentaba. Integra a Hierro en la época brillante que protagoniza la juventud del momento y lo define con palabras que han pasado a la historia como "gran andarín en verso, en prosa, en carretera o en campo atraviesa", aludiendo discretamente a la dureza de los años vividos por el poeta en plena juventud, dureza compartida con todos los de su quinta (alude Gerardo también al libro futuro de Hierro que llevará esta palabra en su título).

Y un momento muy feliz de la reseña es el encuentro, de ambos poetas y amigos, en Lope de Vega, ya que el título del libro "Con las piedras, con el viento..." según apunta cuidadosamente Gerardo procede de los versos del Fénix, "Que un amante suele hablar / con las piedras, con el viento.", nada menos que de aquel pasaje de *El caballero de Olmedo* (Acto II):

> Alonso: ¡Bien haya el coral, amén,
>   de cuyas hojas de rosas,
>   palabras tan amorosas
>   salen a buscar mi bien!
>   Y advierte que yo también,
>   cuando con Tello no puedo,
>   mis celos, mi amor, mi miedo
>   digo en tu ausencia a la flores.
> Tello: Yo le vi decir amores
>   a los rábanos de Olmedo;
>   que un amante suele hablar
>   con las piedras, con el viento.

Relación con *El caballero de Olmedo* que vale a Gerardo para recordar que el propio Hierro llegó a interpretar al personaje lopesco en un curso de verano en el claustro del monasterio de Corbán.

Y será el motivo del viento, recogido en un poema del que Gerardo transcribe algunos versos, el que dé pie al poeta de Santander para clasificar la poesía de Hierro como lírica personalísima, no sujeta a las modas del momento, poesía de comunicación por cuyas palabras el poeta pelea, que, como se dice al final, "marcha desbocada y certera a su misma meta, invisible y dichosa", poesía dichosamente libre, humanista y comprometida exclusivamente con el hombre.

Un texto de 1952, aún inédito, el de la conferencia titulada "La poesía española del Medio Siglo en España y su aportación" (Original inédito, Archivo Familia de Gerardo Diego), que pronunció en septiembre, en la I Bienal de poesía de Knokke-le-Zoute, a la que acudió en representación de España con Luis Rosales y Leopoldo Panero y a la que asistieron también Josep Carner, Leopold Senghor, Gottfried Benn y Jorge Carrera Andrade, hace mención nuevamente de José Hierro con palabras decididamente premonitorias: "José Hierro es otro de los poetas de acento más personal. A diferencia de Celaya, cree en la belleza, pero le interesa más descubrirnos su corazón y su fraternidad con el prójimo que entregarse a la delicia verbal, aunque posea un delicado sentido del ritmo."

La tercera reseña, escrita para *Panorama Poético Español*, y fechada en 1958, está dedicada al libro de Hierro *Cuanto sé de mí*, palabras tomadas ahora de Calderón de la Barca, como recuerda el reseñador, y en esta ocasión de *El médico de su honra* (Acto I):

> Mencía: Nací en Sevilla, y en ella
> me vio Enrique, festejó
> mis desdenes, celebró
> mi nombre, ¡felice estrella!
> Fuése, y mi padre atropella
> la libertad que hubo en mí.
> La mano a Gutierre di,
> volvió Enrique, y en rigor,
> tuve amor, y tengo honor.
> Esto es cuanto sé de mí.

Calderón, en esta ocasión, presente, a través de diversos textos, también de *La vida es sueño*, al frente de otros poemas. Dirige su comentario el poeta de Santander a partir justamente de estas citas en las que se habla de saber y de ignorar y sitúa la poesía de Hierro como un afán de conocimiento de sí mismo. Aunque, evocando las cualidades artísticas del joven poeta (pintor y músico, además), se extenderá en la seducción, común a ambos poetas, de la música, que no sólo forma parte del contenido del libro, sino que se funde con la propia manera de hacer el verso, tan notablemente musical, de José Hierro: "lo que tiene de interesante la técnica del verso de Hierro no es su técnica en sí, sino su expresividad y adecuación al sentir impulsivo del poeta".

No son menos interesantes las preferencias sobre algunos poemas, que destaca Gerardo para sus radioyentes: "Réquiem", "Poema sin música" o "Mambo", sin duda textos especiales en la impecable trayectoria del poeta a la altura de 1958, así como "Nubes", reproducido en su totalidad al final, como solía hacer en estos radiotextos de *Panorama Poético Español*. Ponía Gerardo Diego el dedo en la llaga a la hora de citar algunos poemas destacados (además de los sonetos), ya que nombraba los poemas que iban a ser los más conocidos de ese libro. Una prueba de ello la constituye la antología de José Olivio Jiménez, que de este libro únicamente recoge nueve poemas, tres de ellos sonetos, y, desde luego, tres de los nombrados por Gerardo: "Réquiem", "Mambo" y "Las nubes".

Merece una referencia breve, por último, el cuarto texto recogido de Gerardo Diego, "Los dos HH", aparecido en el diario *Arriba* en 1973, artículo de memoria, en el que Gerardo Diego relata la visita, tantas veces recordada por José Hierro, a su casa de Santander (Reina Victoria, 25-4°) de dos jóvenes poetas, José Hierro y José Luis Hidalgo, que le llevaron el libro escrito exclusivamente para él, al que se alude en más de una ocasión. Es el momento ideal para recordar a los dos poetas y amigos, uno de ellos, ya desaparecido en el momento de escribir el artículo, pero vivo en la memoria del articulista, mientras que el otro, perezoso en su producción, va escribiendo una de las poesías más sólidas de su tiempo.

"Un poeta –escribió José Hierro en uno de sus últimos artículos– es un ser que vive, recuerda e imagina, y sus vivencias, recuerdos e imaginaciones las expresa en palabras que contagian" (1998). Quizá ese último término – contagiar– tan poco poético por otra parte, sirva para explicar la especial relación de afinidad de José Hierro hacia Gerardo Diego. Señalan los biógrafos de Hierro –Aurora de Albornoz (1982: 11-12), Gonzalo Corona Marzol (1991: 26-27 y 50-52) y Jesús María Barrajón (1999: 41-52)–, que el joven aprendiz de poeta, en 1935 lee *Versos humanos*, de Gerardo Diego, y también la obra Juan Ramón Jiménez. En 1936 conocería a José Luis Hidalgo, de quien será amigo hasta la muerte de éste. A principios de año, lee la primera *Antología de Poesía española* 1915-1931, preparada por Gerardo Diego, lo que supone, según sus propias palabras, "una puesta al día en las corrientes más modernas de la poesía". El 29 de marzo de 1938 conoce personalmente a Gerardo Diego, en una conferencia-concierto de éste y de José Cubiles, tras lo cual, lo visitará unos días más tarde, en su casa, para hacerle entrega de una antología mecanografiada, con poemas suyos y de José Luis Hidalgo.

En 1939 el poeta fue encarcelado por auxilio o adhesión a la rebelión. Estuvo en la cárcel hasta 1944, allí desarrolló una intensa actividad, y en los escritos de ese período quedaron plasmados muchos de los sucesos vividos durante la contienda, como la muerte de su padre, la interrupción de sus estudios y el descubrimiento de la Generación del 27, a través de la antología de Gerardo Diego, a quien consideró su "padre espiritual". En una conocida entrevista, realizada por Emilio E. de Torre, señala: "Como yo he odiado siempre el protagonismo, todo el tiempo que yo estuve en la cárcel, que escribí bastantes poemas –y andan muchos sueltos por ahí no se dónde, en algún sitio de mi casa andan, y algún día los publicaré–… Son poemas que no tienen nada que ver en absoluto con la cárcel. Me parecía de una vulgaridad, de una ordinariez, contar desgracias, disgustar a la gente que ¡bueno! Los poemas que yo escribí entonces eran por dos razones; uno, por el contacto, el contagio, que yo tenía con los poetas de la antología de Gerardo Diego. Quería ser una poesía muy moderna, digámoslo así, muy contemporánea. Dos: por esa especie de pudor a contar cosas. ¡Vamos! todo el mundo parece que estaba pasando una guerra o una cárcel para un día contar sus experiencias. Como eso me ha fastidiado, es curioso que los poemas más fríos, más guillenianos, más esteticistas son los que yo escribí en la cárcel" (1987: 422)

El 3 de febrero de 1947 muere José Luis Hidalgo en el sanatorio de Chamartín. Hierro publica *Tierra sin nosotros*, su primer libro de poemas, y *Alegría* recibe el Premio Adonais. El jurado del premio estaba compuesto por Vicente Aleixandre, Dámaso Alonso, Gerardo Diego, José Luis Cano y Enrique Azcoaga.

A finales de ese mismo 1947, Hierro envía parte de un nuevo libro, titulado *Con las piedras, con el viento...*, al matrimonio formado por Francisco Ribes y Josefina Escolano (María de Gracia Ifach). En la primavera de 1948 lo tendrá ya concluido, pero, cuando lo va a enviar a la imprenta, en 1950, se da cuenta de que lo ha perdido y vuelve a redactarlo, "de un tirón", con la ayuda del manuscrito conservado por el matrimonio Ribes. Este poemario rinde homenaje a dos de sus maestros: Gerardo Diego y Juan Ramón Jiménez.

Una vez que José Hierro fue preguntado por Raúl González Zorrila sobre qué autores habían influido más en su trayectoria poética contestó: "Han sido muchos los autores que me han influido. En general, todos a los que he leído. Pero, de una forma más directa, posiblemente sean Rubén Darío, Juan Ramón Jiménez y Gerardo Diego quienes me han marcado con más hondura. Ellos han dejado huella en mi trabajo, no sólo como poetas, sino también como maestros que me han ayudado a trabajar los aspectos técnicos y de construcción de los poemas, asunto muy complicado en algunas ocasiones." (2003)

Los textos recogidos de José Hierro referidos a Gerardo Diego en *Cuaderno de amigos* (2005) son lo suficientemente expresivos de esa continuada admiración hacia el maestro, y precisan bien el nivel de influencia que sobre su obra ejerció, pero, sobre todo, demuestran que Gerardo Diego pasó de ser objeto de admiración a objeto de estudio, en el que se mezclaba con un buen conocimiento de la obra del poeta de Santander, un criterio de valoración muy objetivo y sano hacia las innovaciones que Gerardo consiguió y que a juicio del poeta más joven merecen ser destacadas. Más aún, junto a datos objetivos, se advierte una afinidad intelectual que tiene a la poesía como elemento común de relación. Aparte están los gestos de imperecedera gratitud, veneración y aprecio insobornables y nunca decaídos.

El primer texto es muy original y único en la historia de la literatura del siglo XX. Se titula "Prólogo a Gerardo Diego" y en él Hierro mezcla diferentes géneros literarios, ya que por un lado estamos ante una extensa dedicatoria de un libro y por otro nos hallamos ante un prólogo, como así en efecto se titula el texto, eludiendo, como el propio autor especifica, el término más altisonante de "carta" o epístola (a Claudio, a Fabio, a Gerardo). No podemos dejar de anotar el carácter confesional del texto del joven poeta que busca una explicación a sus imperfecciones a la hora de dedicar esta edición de *Con las piedras, con el viento...*, edición llena de tribulaciones, como ya sabemos, y recuerda Hierro en sus palabras. Y no puede dejar de interesarnos, en este tono de confesión, la relación directa con la poesía de Diego a través de algunos de sus libros, fundamentales, *Versos humanos, Imagen, Manual de espumas, Ángeles de Compostela, Alondra de verdad.* Con estos dos últimos, "estuvo Vd. a mi cabecera en horas que necesitaba de la poesía" (1950: 10).

Siguen textos de gran interés, escritos en forma de reseña de algunos libros de Gerardo. Así *Paisaje con figuras* (1957: 34-35), del que destaca su novedad y sobre todo, con una palabra muy de Gerardo Diego, la "sorpresa" que siempre contiene su poesía. Atiéndase, al leer este texto de Hierro, a las reflexiones que el poeta hace sobre el carácter "bifronte" de Gerardo Diego frente a otras modalidades estructurales representadas por otros poetas de su generación como Rafael Alberti o Vicente Aleixandre. Y reflexiónese con él sobre la importancia que el lenguaje poético tiene en Gerardo Diego ("el lenguaje lo es todo"): metáforas, imágenes, adjetivos, sorpresa en definitiva, hallazgos poéticos, de un poeta tan nuevo y siempre tan igual a sí mismo. O *Ángeles de Compostela*, evocado, al aparecer su segunda edición, en un espacio periodístico dedicado a la crítica de arte. Aquí el libro, el poeta y el románico son los elementos puestos en relación para celebrar ese libro: "Su palabra tiene algo de piedra dura, musicalmente trabajada. Y, poeta verdadero, no se acerca arqueológicamente a lo que canta, sino que lo hace como quien se aproxima a lo vivo y actual" (1961).

Destaca, igualmente, por su tono entrañable el artículo titulado "Reproches al tímido" (1959: 29-30), incluido en el homenaje que numerosos poetas y escritores dedicaron a Gerardo en *Cuadernos de Ágora*, en 1959, en el que Hierro evoca una vez más el primer encuentro, aunque esta vez no está ajena de la evocación el consabido "reproche" afectuoso al tímido incorregible que fue Gerardo Diego.

No creo que exista en toda la bibliografía de Gerardo Diego una explicación más clara y eficaz de lo que el creacionismo supuso y es para Gerardo Diego, como la que Hierro nos ofrece en su artículo "Entrañable Gerardo" (1966: 33-39). Algo había sugerido ya en la reseña de *Paisaje con figuras*, pero ahora lo manifiesta con toda claridad, por lo que han de leerse las reflexiones de Hierro como jurisprudencia que sienta cátedra: "El creacionismo había de ser una salida para in temperamento clásico, pudoroso de sus sentimientos, incapaz, por lo tanto, de expresarse con el ciego impudor romántico del surrealismo."

Y a continuación destaca la seriedad con que Gerardo se toma su poesía creacionista, tal como él mismo expresó en muchas ocasiones. No se trata de un juego, ni de una "experiencia más o menos divertida o ingeniosa", sino que estamos, como afirma Hierro, ante "una forma, irracionalista, de confesión. Sugerencias, "crear lo que no veremos", ritmo y cohesión poemática para expresar un mundo nuevo pero a la vez clásico, como expresan las "azucenas en camisa" o "la colmena del marisco" (un leño corroído por el mar) de Lope de Vega. Y está citando al poeta que une sólidamente al binomio Diego-Hierro, tan individuales ambos, pero tan cercanos al Fénix, en su curiosidad universal, y en su vitalidad. "Esta curiosidad, esta vitalidad que hace que Lope sea labrador entre labradores, rey con los reyes, es la que preside la obra de Gerardo, capaz de cantar a Schubert o a la guitarra, a "El Cordobés" o al río Duero".

No se obvien, finalmente, las reflexiones del músico José Hierro sobre la relación poesía y música, palabra poética y nota o acorde musical, que hay en Gerardo Diego (Ravel) como en Juan Ramón (Debussy) y Rubén (Wagner). Inteligentes visiones de un lector que al mismo tiempo oye la poesía de un Gerardo siempre admirado, a quien, como se dice al final, "le debo casi todo".

No han de ser pasados por alto los dos artículos que a continuación se recogen en *Cuaderno de amigos*. Son particularmente apologéticos y defensores del papel de Gerardo Diego en la poesía española del siglo XX. Quizá el paso del tiempo y los años en que están escritos (1972 y 1977) exigían las explicaciones que estos dos artículos contienen. Uno de ellos, en relación con Santander (1972: 14) y con la polémica condena a la ciudad por parte del poeta por razón de las construcciones de Peña Cabarga, sobrepasa lo estrictamente santanderino para contener una ardorosa defensa de las peculiaridades y originalidades de un poeta que vive "su perenne juventud", lo que sin duda le perjudica. El otro, el artículo publicado en *Ínsula*, que se ofrece, irónicamente sin duda, como "Una divagación informal y frívola" (1977: 4) contiene una reivindicación del poeta auténtico, con interesantísimas reflexiones ya (en 1977) sobre la unidad de su obra, sobre su profunda coherencia (reflexiones de las que más de uno debe aprender) sobre su soberana calidad poética, sobre su elegancia y contención, sobre su capacidad de fantasía y de sorpresa.

El trabajo de mayor enjundia y empuje, entre los emprendidos por Hierro sobre Diego es, sin duda, el texto introductorio escrito para la *Antología poética* que la Diputación General de Cantabria publicó en 1988, un estudio distendido y profundo, marcado por las referencias personales y sugerido por la multitud de matices que caracterizan la poesía de Gerardo Diego. Partiendo de detalles ya conocidos sobre el primer encuentro, se introduce Hierro en un estudio y comentario diacrónico de los distintos libros poéticos publicados por el poeta de Santander, revelando sus particularidades y señalando sus aportaciones en relación con los otros poetas de su generación, con toda su época (Juan Ramón, Antonio Machado están también presentes) y con toda la poesía española en general. Apoyado en textos diversos de Huidobro y del propio Diego, en sus estudios sobre otros poetas, justifica Hierro sistemáticamente todas las diversas aventuras de la poesía del maestro, sobre todo en las que se refieren al lenguaje poético (y San Juan de la Cruz es el ejemplo recordado en palabras de un ensayo de Gerardo) o a la dificultad de las rimas (la repetida "rima rica") que justifica el poeta mayor en la lectura de los tercetos cervantinos, en busca de la ansiada e inevitable sorpresa.

Naturalmente, entre el poeta clásico y tradicional y el poeta vanguardista y creacionista hay una relación y una cohesión, que Hierro sitúa en dos obras fundamentales, *Fábula de Equis y Zeda* y *Poemas adrede*: "La poesía tradicional saca la lengua a la novísima y viceversa. Elementos paródicos aparecen acá y allá, como si el poeta nos indicase, con guiños de ojo y codazos de complicidad, de qué modelos y moldes métricos se burla".

Cierra el estudio una parte reivindicativa o explicativa de por qué Gerardo Diego no ha sido nunca un poeta preferido por las generaciones posteriores como lo han sido Lorca y Guillén (y Alberti), en los años veinte; Lorca y Guillén (y Salinas), en los años treinta; Lorca (y Dámaso Alonso y Vicente Aleixandre) en los años cuarenta, Aleixandre y Cernuda, en los años cincuenta y sesenta. Y justifica este desdén por la comodidad de los lectores y de los críticos, incapaces de asumir el gesto de la variedad definidor de la poesía de Gerardo Diego: variedad de temas, formas, preocupaciones, líneas estéticas. Aunque este Gerardo Diego sea como un clásico del Siglo de Oro, y sobre todo como el gran admirado de ambos: Lope de Vega, capaz de cantar "la muerte de su hijo, la ceguera y locura de su amante Marta de Nevares, y también el perro que alza la pata y moja la esquina".

No menor interés tiene un artículo poco conocido del autor de *Alegría* (1990: 1-2) y que fue su reseña de la primera edición de las obras completas de Gerardo Diego en 1989, texto que recogía las reflexiones expuestas oralmente por José Hierro en los dos actos de presentación de esta edición en el Ateneo de Santander y en el café Gijón de Madrid en diciembre de aquel año. Se trataba de hablar de Gerardo Diego cuando éste, como se dice al final del artículo, no estaba ya de moda, a pesar de que, por decisión de Jaime Salinas (2003: 13-16), la editorial Aguilar había emprendido la publicación de sus poesías completas una vez que el poeta, que las había preparado cuidadosamente (tal como recuerda Hierro en el artículo), había muerto unos años antes, por lo que no llegó a verlas publicadas. Hierro descubre nuevos perfiles del maestro que le entusiasman, en especial aquellos proporcionados por los poemas coleccionados en la sección de "Hojas", y paladea los aciertos conseguidos y las nuevas sorpresas, el sentido del humor de las jinojepas, y, sobre todo, la variedad, al multiplicidad, lo que no le impide confirmar, una vez más, que en ese carácter bifronte está la mayor virtud de Gerardo Diego: "En la poesía contemporánea el lector halla, en la mayoría de los casos, una cosmovisión implícita o explícita. Puede reducir a su ídolo a fórmulas, de acuerdo con los temas tratados en sus poemas. Pero en Gerardo Diego no es posible esto. Lo mismo que los poetas del Siglo de Oro, se sentía atraído por todo lo que le rodeaba. No existía para él diferencia –desde el punto de vista de las posibilidades poéticas– entre lo divino y humano, entre lo significativo y lo insignificante. No estableció –ni había por qué– jerarquías. Con el mismo entusiasmo escribía del amor que del juego de bolos; de Dios que de la suerte de banderillas. Para él, la poesía tenía validez por sus logros expresivos, no por la índole de los temas tratados."

Es ese Jano, variante e imaginativo, que volverá a aparecer en las evocaciones siguientes, como en la realizada en Soria, con motivo del homenaje de 1992, y que abre un nutrido conjunto de textos conmemorativos que se desarrollarán en distintos lugares y recogerán diferentes publicaciones con motivo del centenario de 1996, en el que José Hierro participó de forma activa, como hemos de ver.

Son muy reveladoras igualmente las participaciones de José Hierro en los homenajes de la Universidad de Cantabria, la *Revista de Occidente*, la exposición de pintura del Centro Cultural de la Villa de Madrid, la tertulia "Desde el Empoto" de Valdepeñas y la revista *Diálogo de la Lengua*, ya de 1998, que reproduce una carta de Gerardo Diego a José Hierro, recogida recientemente en el *Epistolario santanderino* por Julio Neira.

Ni qué decir tiene que los textos vuelven sobre muchos de los juicios expuestos en los primeros artículos e insisten en vivencias e incluso en anécdotas ya citadas en otros artículos. Quizá el más revelador de estos escritos conmemorativos (aunque hay que decir que todos los artículos merecen una lectura detenida porque todos y cada uno de ellos aportan ideas nuevas) sea el que redactó para el catálogo de la exposición de pintura *Gerardo Diego y los pintores*, del Centro Cultural de la Villa de Madrid, 1996, porque en él confluyen nuevas afinidades intelectuales no expuestas anteriormente: el amor de ambos poetas por la pintura, que en el caso de José Hierro se añade a su condición de pintor. La sensibilidad del crítico y degustador de las artes plásticas se une ahora a la conciencia de ambos poetas y a su coincidencia en juicios sobre muchos pintores españoles de varias generaciones que Hierro reproduce y comparte, en el marco de aquella espléndida e irrepetible exposición.

Hay que hacer referencia, finalmente, a otro texto de Hierro, "Los poetas del 27 y mi generación", recogido igualmente en *Cuaderno de amigos*, del máximo interés para completar la visión que tiene el poeta como lector y admirador de la poesía de los grandes poetas de la generación anterior, a los que en el fondo considera sus maestros y, en cierto modo también, maestros de todos los que formaron su amplísima generación.

Es interesante, en este contexto de amistades y correspondencia, leer esta conferencia de los años ochenta, tan viva y llena de sugerencias. Se trata, en efecto, de un texto para ser leído y glosado oralmente, que ha sido rescatado de los archivos de José Hierro en 2004, tal como explican sus editores, José Manuel López Sánchez-Caballero y Esteban Orive Castro, de la Federación de Asociaciones de Profesores de Español, que se han encargado de publicarla. La conferencia fue escrita para ser leída en la Universidad de Sevilla en una fecha imprecisa entre 1985 y 1987, y tal como explican los editores se desarrolló en un ambiente de espléndida cordialidad de la que constituye una prueba el invento en aquella memorable ocasión sevillana del cóctel "Generación del 27", inventado por Hierro y elaborado con naranjas amargas de un jardín público de Sevilla, ginebra y azúcar, con posteriores variantes al utilizar como componente alcohólico el ron o el aguardiente.

Hierro hace en este texto un juicioso y detallado repaso de las distintas etapas que se pueden señalar en la recepción por él mismo, y por sus compañeros de generación, de la poesía de la generación anterior, comenzando, y en esto Hierro reitera una idea muchas veces utilizada, por la lectura de la *Antología* de de Gerardo Diego de 1932, donde ya se situaban los más variados componentes estéticos de los poetas del 27: neopopularismo, neogongorismo, poesía pura, superrealismo, etc., que tanto hubieron de influir en ellos en los años inmediatamente anteriores a la Guerra Civil. Posteriormente, tras la contienda, y superados los años de la primera posguerra, que poco influyeron en los más jóvenes (sobre todo las tendencias neoclásicas y garcilasistas), se basará sobre todo en la gran sacudida de la presencia, ya en 1944, de dos libros que considera fundamentales para la nueva generación: *Sombra del paraíso* de Vicente Aleixandre e *Hijos de la ira* de Dámaso Alonso.

La presencia de Gerardo Diego en la conferencia revela la objetividad de los juicios de José Hierro, ya que, si bien le otorga una importancia fundamental, a través de la *Antología* de 1932, no destaca el poeta de Santander por su influencia en los años de posguerra, al contrario de lo que sucede con los otros dos grandes maestros que quedan en Madrid (Aleixandre y Dámaso). Ni la poesía más neoclasicista ni la permanencia en la vanguardia creacionista del poeta de Santander constituyeron un estímulo especial para los jóvenes de la generación de Hierro, que buscó una presencia de la realidad en la poesía más directa y viva, por lo que los impulsos creadores fueron por derroteros distintos.

BIBLIOGRAFÍA

Acereda, Alberto, *Rubén Darío, poeta trágico. Una nueva visión*, Barcelona, Teide, 1992.

Alberti, Rafael, "El deseo de una alta poesía", *ABC*, 11 julio 1987.

– "Como leales vasallos", *Entre el clavel y la espada, Obras completas*, edición de Luis García Montero, Aguilar, Madrid, 1988, II, pp. 131-139.

– *La poesía popular en la lírica española contemporánea*, Jena-Leipzig, Romanisches Seminar, Friedrich-Wilhelms Universität, Berlin-W. Gronau, 1933.

– *Lope de Vega y la poesía contemporánea* seguido de *La pájara pinta*, edición de Robert Marrast, París, Centre des Recherches de l'Institut d'Études Hispaniques, 1964.

– *Obras completas. Poesía*, edición de Luis García Montero, Madrid, Aguilar, 1988.

– *Prosas encontradas (1924-1932)*, edición de Robert Marrast, Madrid, Ayuso, 1970.

Albornoz, Aurora de, *José Hierro*, Madrid, Júcar, 1982.

Alonso, Dámaso "Estilo y creación en el *Poema de Mío Cid*", *Obras completas*, Madrid, Gredos, 1972, II, p. 107-143.

– *Poetas españoles contemporáneos*, Madrid, Gredos, 1965.

Altolaguirre, Manuel, *El caballo griego. Obras completas*, Madrid, Istmo, 1986, vol. I.

Barrajón, Jesús María, *La poesía de José Hierro. Del irracionalismo poético a la poesía de la posmodernidad*, Cuenca, Universidad de Castilla-La Mancha, 1999.

Bernal, José Luis, *La biografía ultraísta de Gerardo Diego*, Cáceres, Universidad de Extremadura, 1987.

Buero Vallejo, Antonio, "A Gerardo Diego", *Homenaje a Gerardo Diego*, Madrid, Club-Urbis- Tercer Programa de Radio Nacional de España, 1973, pp. 35-36. *Obra completa*, II, pp. 10-11.

– "El espejo de Las Meninas", *Tres maestros ante el publico, Obra completa*, II, pp. 212-235.

– *Obra completa*, edición de Luis Iglesias Feijoo y Mariano de Paco, Madrid, Espasa Calpe, 1994.

Cano Ballesta, Juan, "Pasión y línea pura: Gerardo Diego y el cubismo", *En círculos de lumbre. Estudios sobre Gerardo Diego*, edición de Francisco Javier Díez de Revenga y Mariano de Paco, Murcia, Obra Cultural de Cajamurcia, 1997, pp. 153-172.

Cano Pato, Francisco, *El ámbito del lirio*, Murcia, Sucesores de Nogués, 1943.

– *Imagen y verso*, Azarbe, 13, Murcia, 1948.

– *La palabra encendida. Poesías completas*, edición de Mariano Baquero Goyanes, Murcia, Academia Alfonso X el Sabio, 1977.

Castro, Américo-Rennert, Hugo A., *Vida de Lope de Vega*, Salamanca, Anaya, 1968.

Corona Marzol, Gonzalo, *Realidad vital y realidad poética (Poesía y poética de José Hierro)*, Zaragoza, Universidad de Zaragoza, 1991.

Crespo, Ángel, "Gerardo Diego, según Ángel Crespo", *Lateral*, 12, 1995.

Darío, Rubén, *Poesías completas*, estudio preliminar de Enrique Anderson Imbert. Edición de Ernesto Mejía Sánchez, México, Fondo de Cultura Económica: 1952; 1ª reimpresión: 1984; 2ª reimpresión, 1993.

– "El triunfo de Calibán" en *Mundo Adelante, Obras completas*, vol. IV, Madrid, Afrodisio Aguado, 1950.

Diego, Elena, "Cronología", *Gerardo Diego y la poesía española del siglo XX*, Biblioteca Nacional, Madrid, 1996, pp. 91-100. Actualizada en la página web de la Fundación Gerardo Diego, www.fundaciongerardodiego.com

– *Gerardo Diego para niños,* Madrid, La Torre, 1985.

Diego, Gerardo - Cossío, José María de, *Epistolario. Nuevas claves de la generación del 27*, edición de Rafael Gómez de Tudanca, Madrid, Universidad de Alcalá-Fondo de Cultura Económica, 1996.

Diego, Gerardo - Hierro, José, *Cuaderno de amigos*, edición de Francisco Javier Díez de Revenga, Madrid, Devenir Ensayo-Fundación Gerardo Diego, 2005, 156 pp.

Diego, Gerardo, "Balance de Navidad", *Panorama Poético Español*, 1953.

– "*Cuanto sé de mí*", *Panorama Poético Español*, 8 de enero de 1958. Y en *Obras completas. Prosa*, VIII, pp. 815-817.

– "Devoción y meditación de Juan Gris", *Revista de Occidente*, 5, 1927, pp. 160-180.

– "Diez años ya", *Alerta*, 3 de febrero de 1957.

– "El amor y los poetas", *El Alcázar*, 3 de agosto de 1950, y *Panorama Poético Español*, 6 de agosto de 1950.

– "El paso de la Oración en el Huerto", *Panorama Poético Español*, 18 de febrero de 1970 en Francisco Javier Díez de Revenga y Mariano de Paco (eds.), *En círculos de lumbre. Estudios sobre Gerardo Diego*, Murcia, Cajamurcia, 1997, pp. 9-11.

– "El poeta en su isla", *Panorama Poético Español*, 18 de julio de 1949. *Obras completas. Prosa*, VIII, pp. 804-808.

– "José Hierro", *El Alcázar*, 25 de agosto de 1950. Y en *Obras completas. Prosa*, VIII, pp. 812-814.

– "La poesía y los premios", *La Nación*, 24 de agosto de 1947. Recogido incompleto en *Gerardo Diego y Adonais*, pp. 26-33.

– "La última poesía española", *Arbor*, 34, 1947. Y en *Obras completas*, VIII, p. 681.

– "Las dos HH", *Arriba*, 28 de octubre de 1973. Y en *Obras completas. Prosa*, VIII, pp. 818-819.

– "Poesía y creacionismo de Vicente Huidobro (1968)", *Vicente Huidobro*, edición de René de Costa, Madrid, Taurus, 1975, p. 221-222.

– "Ritmo y espíritu en Rubén Darío", *Cuadernos Hispanoamericanos*, 212-213, 1967, 247-264.

- "Un poeta nuevo", *ABC*, 16 de julio de 1947. También en *Gerardo Diego y Adonais*, pp. 34-38; y en *Obras completas. Prosa,* VIII, pp. 809-811
- *28 pintores españoles contemporáneos vistos por un poeta* Madrid, Ibérico Europea de Ediciones, 1975.
- *Antología de sus versos (1918-1983),* edición de Francisco Javier Díez de Revenga, Madrid, Espasa Calpe, 1996.
- *Antología poética en honor de Góngora. De Lope de Vega a Rubén Darío,* Madrid, Alianza Editorial, 1979.
- *Bécquer 1836-1870,* Madrid, Banco Ibérico, 1970.
- *Carmen. Revista chica de la poesía española. Lola. Amiga y suplemento de Carmen,* Madrid, Turner, 1976.
- *Carmen. Revista chica de la poesía española. Lola. Amiga y suplemento de Carmen,* Santander, Turner-Ayuntamiento de Santander, 1996.
- *Cometa errante,* Esplugas, Plaza Janés, 1985.
- *Crítica y poesía,* Gijón, Júcar, 1984.
- *El Cordobés dilucidado. Vuelta del peregrino,* Madrid, Edición de la Revista de Occidente, 1966.
- *Epistolario santanderino,* edición de Julio Neira, Santander, Ayuntamiento-Fundación Gerardo Diego-Librería Estudio, 2003, pp. 429-431.
- *Evasión,* Caracas, Lírica Hispánica, 1958.
- *Gerardo Diego y Adonais,* Madrid, Rialp. 1993.
- *Imagen. Poemas,* Madrid, Gráfica de Ambos Mundos, 1922.
- *La Navidad en la poesía española,* Madrid, O Crece o Muere, 1952. 2ª edición, 1961. Leído en el Ateneo de Madrid, el 29 de diciembre de 1952.
- *La suerte o la muerte, Poema del toreo,* edición de Andrés Amorós, Madrid, Biblioteca Nueva, 1999.
- *La vocación poética,* Montevideo, Publicaciones del Centro Gallego, 1930.
- *Las Antologías de Gerardo Diego,* edición de Andrés Soria Olmedo, Madrid, Taurus, 1993.
- *Manual de espumas,* Madrid, Cuadernos Literarios, 1924.
- *Mi Santander, mi cuna, mi palabra,* Diputación, Santander, 1961.
- *Nueva Cantiga de Santa María de la Arrixaca,* edición de Francisco Javier Díez de Revenga, Murcia, Real Academia Alfonso X el Sabio, 1995
- *Obras completas. Poesía,* edición de Francisco Javier Díez de Revenga, Madrid, Aguilar, 1987.
- *Obras completas. Poesía,* edición de Francisco Javier Díez de Revenga, Madrid, Alfaguara, 1996, vols. I-III.
- *Obras completas. Prosa. Memoria de un poeta,* edición de Francisco Javier Díez de Revenga, Madrid, Alfaguara, 1997, vols. IV-V.
- *Obras completas. Prosa. Prosa literaria,* edición de José Luis Bernal, Madrid, Alfaguara, 2000, vols. VI-VIII.
- *Poesía española. Antología 1915-1931,* Madrid, Signo, 1932.
- *Poesía española. Antología. (Contemporáneos),* Madrid, Signo, 1934.
- *Primera antología de sus versos,* Madrid, Espasa Calpe, 1941.
- *Soria. Galería de estampas y efusiones,* Valladolid, Libros para Amigos, 1923.

- *Una estrofa de Lope*, Madrid, Real Academia Española, 1948

- *Versos divinos*, Madrid, Fundación Conrado Blanco, 1971.

- *Versos escogidos*, edición de Francisco Javier Díez de revenga, Barcelona, Círculo de Lectores, 1998.

Díez de Revenga, Francisco Javier (ed.), *Azarbe (1946-1948)*, Murcia, Real Academia Alfonso X el Sabio, 2005.

- (ed.), *Sudeste. Cuaderno murciano de literatura universal (1930-1931)*, edición de Francisco Javier Díez de Revenga, Real Academia Alfonso X el Sabio, Murcia, 1992.

- (ed.), *Suplemento Literario de "La Verdad" (1923-1926)*, edición de Francisco Javier Díez de Revenga, Murcia, Academia Alfonso X el Sabio, 1990,

- (ed.), *Verso y Prosa (Boletín de la joven literatura) (Murcia, 1927- 1928)*, edición de Francisco Javier Díez de Revenga, Murcia, Chys Galería de Arte, 1976.

- "Azorín y los poetas del 27", *Montearabí*, 8-9, 1990, pp. 7-14.

- "El programa docente de Jorge Guillén en la Universidad de Murcia", *Lengua y Literatura: su Didáctica. Homenaje a la Profesora Carmen Bautista Martín*, Murcia, Universidad de Murcia, 1993, pp. 100-118.

- "Gerardo Diego, el arte y los artistas", en *Gerardo Diego y los pintores*, Madrid, Centro Cultural de la Villa de Madrid, 1996, pp. 27-43.

- "Jorge Guillén y la Universidad de Murcia: encuentros y desencuentros", en Francisco Javier Díez de Revenga-Mariano de Paco (eds.), *La claridad en el aire. Estudios sobre Jorge Guillén*, Murcia, Obra Cultural de CajaMurcia, 1994, pp. 133-174.

- "La sensibilidad estética de José Ballester", *Monteagudo*, 63, 1978, pp. 47-52.

- "Los versos y los días levantinos de Jorge Guillén (Notas al epistolario inédito Jorge Guillén-José Ballester)", *International Symposium on Literatura de Levante,* University of Kentucky, Lexington, 1992. (Publicado en *Literatura de Levante*, Alicante, Fundación Cultural CAM, 1993, pp. 73-91.)

- "Modernismo y poetas del 27: presencia de Rubén Darío", *Primeras Jornadas sobre Modernismo Hispánico*, Madrid, Instituto de Cooperación Iberoamericana-Universidad Complutense de Madrid, Facultad de Ciencias de la Información, 1988, 408-415.

- "*Otoño en la ciudad* de José Ballester y la novela lírica", *Murgetana*, 112, 2005, pp. 195-205.

- *Páginas de literatura murciana contemporánea*, Murcia, Real Academia Alfonso X el Sabio, 1997.

- *Revistas murcianas relacionadas con la generación del 27*, Academia Alfonso X el Sabio, Murcia, 1979.

Fernández-Delgado Marín-Baldo, Manuel, "Corte y confiteor", *A "Verso y Prosa"*, Murcia, Chys Galería de Arte, 1957, s. p.

Fox, E. Inman, *Azorín: guía de la obra completa,* Madrid, Castalia, 1992.

Galiana, Ismael, *Murcia imaginada*, Murcia, Diego Marín Librero Editor, 2005.

Gallego Morell, Antonio, *Vida y poesía de Gerardo Diego*, Barcelona, Aedos, 1956.

García Lorca, Federico, *Antología modelna precedida de los poemas de Isidoro Capdepón Fernández,* edición de Miguel García-Posada, Granada, La Veleta, 1995.

– *Llanto por Ignacio Sánchez Mejías*, edición facsímil con textos de Dámaso Alonso, Jorge Guillén, Gerardo Diego, Rafael Alberti, José María de Cossío y Rafael Gómez, Santander, Institución Cultural de Cantabria, 1982.

– *Obras Completas*, edición de Miguel García-Posada, Barcelona, Galaxia Gutemberg-Círculo de Lectores, 1996.

García Soriano, Justo *Vocabulario del dialecto murciano*, Murcia, Editora Regional de Murcia, 1980.

Góngora, Luis de, *Sonetos*, edición de Biruté Ciplijauskaité, Madrid, Castalia, 1968.

González Zorrilla, Raúl, "José Hierro: La poesía cautiva a través de la palabra", *Tal Cual*, 5, enero 2003.

Guerrero Ruiz, Juan, *Juan Ramón de viva voz*, edición de Manuel Ruiz-Funes Fernández, Valencia, PreTextos, 1998-1999, 2 vols.

Guillén, Jorge, "Al margen del *Poema de Mío Cid*. El juglar y su oyente". *Homenaje. Aire nuestro, p. 492. "Doña Jimena", Homenaje. Aire nuestro, p. 592, edición de Francisco J. Díaz de Castro, III, Madrid, Anaya-Mario Muchnik, 1993,

– *Cántico*, edición de José Manuel Blecua, Barcelona, Labor, 1970.

Hermosilla Álvarez, María Ángeles, "La poésie cubiste de Gerardo Diego: un exemple", *Peinture et écriture*, sous la direction de Monserrat Prudon, París, Éditions de la Différence, 1996, pp. 163-172.

Hernández, Mario, "Homenaje a Gerardo Diego", *Boletín de la Fundación Federico García Lorca*, 2, 1987.

Hernández, Miguel, *Antología poética*, edición de Francisco Javier Díez de Revenga, Valencia, Institució Alfons el Magnànim, 1999.

Hierro, José, "De perdidos, al río", *Saber Leer*, 35, mayo 1990, pp. 1-2.

– "Entrañable Gerardo", *Punta Europa*, XI, 112-113, Madrid, 1966, pp. 36-39.

– "Fábula/divagación sobre el último Aleixandre", *El Cultural. La Razón*, 11 noviembre 1998.

– "Gerardo Diego en tres dimensiones", *Gerardo Diego y los pintores*, edición de María José Salazar, Madrid, Centro Cultural de la Villa, 1996, pp. 17-25.

– "Gerardo Diego y el románico", *El Alcázar*, 11 de julio de 1961.

– "Gerardo Diego", *Gerardo Diego. Memoria de un homenaje, 1896-1996,* edición de Manuel Arce, Santander, Consejo Social de la Universidad de Cantabria, 1996, pp. 47-54.

– "Homenaje a Gerardo Diego (Primer centenario de su nacimiento)", en *Homenaje a Gerardo Diego (Primer centenario de su nacimiento)*, Valdepeñas, Desde el Empotro, 1996.

– "Imagen de Gerardo Diego", *Revista de Occidente*, 178, Madrid, 1996, pp. 19-24.

– "Introducción", Gerardo Diego: *Antología poética*, Santander, Diputación Regional de Cantabria, 1988, pp. 7-26. 2ª edición, Santander, Gobierno de Cantabria, 1996.

– "La primera vez", *Gerardo Diego in memoriam. Exposición homenaje*, edición de Esther Vallejo, José Luis Herrero, Manuel Peña y César Ibáñez, Soria, I. B. Castilla, 1992, p. 7.

– "Paisaje con figuras", *Cuadernos de Ágora*, 9-10, Madrid, 1957, pp. 34-35.

– "Palabras desde Santander para Gerardo", *Peña Labra*, 4, Santander, 1972, p. 14.

– "Una carta de Gerardo Diego. Entradilla con notas aclaratorias", *Diálogo de la Lengua*, 3, 1998, pp. 15-19.

- "Una divagación informal y fría para Gerardo Diego", *Ínsula*, 368-369, Madrid, 1977, p. 11.
- *Antología poética*, edición de José Olivio Jiménez, Madrid, Alianza, 1990.
- *Con las piedras, con el viento...*, Dedicatoria-prólogo a Gerardo Diego. Retrato de José Hierro por Ricardo Zamorano, Santander, Proel Libros, 1950. 2ª edición, facsímil de la de 1950, Santander, Consejería de Cultura, Turismo y Deporte, 2003.
- *Los poetas del 27 y mi generación*, edición y prólogo de José Manuel López Sánchez-Caballero y Esteban Orive Castro, Madrid, Examen de Ingenios, Federación de Asociaciones de Profesores de Español, 2004.

Huidobro, Vicente, *Mío Cid Campeador. Hazaña*, Madrid, CIAP, 1929. 3ª edición, Santiago de Chile, Eds. Encilla, 1949.

Iglesias, Antonio, *Óscar Esplá*, Madrid, Ministerio de Educación y Ciencia, 1973.

Jiménez, Juan Ramón, *Cartas. Antología*, edición de Francisco Garfias, Madrid, Espasa, 1992.
- *Españoles de tres mundos*, edición de Ricardo Gullón, Madrid, Alianza, 1987.
- *Tiempo y Espacio*, edición de Arturo del Villar, Madrid, Edaf, 1986.

León, María Teresa, *Doña Jimena Díaz de Vivar, señora de todos los deberes*, Buenos Aires Losada, 1960. También en Barcelona, Círculo de Lectores, 1993.
- *Rodrigo Díaz de Vivar, el Cid Campeador*, Buenos Aires, Peuser, 1954.

López Estrada, Francisco, *Panorama crítico sobre el "Poema del Cid"*, Castalia, Madrid, 1982.

Martín Casmitjana, Rosa María, *El humor en la poesía española de vanguardia*, Madrid, Gredos, 1996.

Mateo, María Asunción, *Rafael Alberti. De lo vivo lejano*, Madrid, Espasa Calpe, 1996.

Montesinos, José F., *Estudios sobre Lope*, Salamanca, Anaya, 1967.

Morelli, Gabriele (ed.), *Ludus. Cine, arte y deporte en la literatura de vanguardia española*, Valencia, Pre Textos, 2000.
- (ed.), *Ludus. Gioco, sport, cinema nell'avanguardia spagnola*, Milano, Jaca Book, 1994.
- *Historia y recepción de la* Antología *poética de Gerardo Diego*, Valencia, Pre-Textos, 1997.

Polo de Medina, Jacinto *Poesía. Hospital de incurables*, edición de Francisco Javier Díez de Revenga, Madrid, Cátedra, 1987, pp. 205-206.

Riopérez y Milá, Santiago, *Azorín íntegro*, Madrid, Biblioteca Nueva, 1979.

Rodiek, Christoph *La recepción internacional del Cid*, Versión española de Lourdes Gómez de Olea, Madrid, Gredos, 1995.

Ruiz Marín, Diego, *Vocabulario de las hablas murcianas*, Murcia, Región de Murcia, 2000.

Salinas, Jaime, "Los cinco tomos de la Prosa Completa de Gerardo Diego y la cabecita rubicunda", en *Memoria y Literatura. Estudios sobre la prosa de Gerardo Diego*, edición de Francisco Javier Díez de Revenga y José Luis Bernal Salgado, Cáceres, Universidad de Extremadura-Fundación Gerardo Diego, 2003, pp.13-16.

Salinas, Pedro (ed.), *Poema de Mío Cid*, Madrid, *Revista de Occidente*, 1926. 5ª edición, Madrid, Selecta de *Revista de Occidente*, 1969.

- "El *Cantar de Mío Cid* (Poema de la honra)", *Ensayos completos*, edición de Soledad Salinas de Marichal, Madrid, Taurus 1983, III, pp. 11-37.

Sevilla, Alberto, *Vocabulario murciano*, Murcia, Novograf, 1990.

Torner, Eduardo M., *Lírica hispánica. Relaciones entre lo popular y lo culto*, Madrid, Castalia, 1966, p. 103.

Torre, Emilio E. de, "Una entrevista con José Hierro", *Anales de Literatura Española Contemporánea*, 12, 1987.

Valbuena Prat, Ángel, *Historia de la Literatura Española*, Barcelona, Gustavo Gili, 1937.

Vega, Lope de, *Obras*, Madrid, Real Academia Española, 1890-1913.

- *Obras*, Madrid, Real Academia Española, Nueva edición, 1916-1930.

- *Poesías*, edición de José F. Montesinos, Clásicos Castellanos, La Madrid, Lectura, 1925-1926.

- *Rimas*, edición de Gerardo Diego, Madrid, Taurus, 1963.

Agradezco a Doña Elena Diego las facilidades y disponibilidad a la hora de localizar en el archivo familiar los textos de Gerardo Diego transcritos en este volumen, y a las familias de Gerardo Diego, Óscar Esplá y Antonio Buero Vallejo su permiso para que los textos originales hayan podido ser reproducidos en los apéndices correspondientes.